¡Viva el Español!

¡NOS COMUNICAMOS!

Workbook

Ava Belisle-Chatterjee, M.A.

Chicago School District 6

Chicago, Illinois

Marcia Fernández

Chicago School District 6

Chicago, Illinois

Abraham Martínez-Cruz, M.A.

Chicago School District 6

Chicago, Illinois

Linda West Tibensky, M.A.

Oak Park School District 200

Oak Park, Illinois

National Textbook Company

NTC a division of *NTC Publishing Group* • Lincolnwood, Illinois USA

1994 Printing

Copyright © 1990 by National Textbook Company
a division of NTC Publishing Group
4255 West Touhy Avenue
Lincolnwood (Chicago), Illinois 60646–1975 U.S.A.

Printed in the United States of America.

3 4 5 6 7 8 9 0 ML 9 8 7 6 5 4 3

Contents

Unidad 2   29

Unidad 3   43

Primer repaso   53

Unidad 4   57

A. Let's visit the Chiflado family, the world's best ventriloquists! Guess who is doing the talking.

Primero, lee las oraciones. Luego, mira el dibujo y escribe el nombre de la persona o del animal. Sigue el modelo.

| **M** | _____ Hugo _____ | Estoy en el jardín. ¡Me gustan las cerezas! |

1. _____ El tigre y yo estamos en el dormitorio.

2. _____ ¡Por fin! La mariposa está muy cerca.

3. _____ ¿Dónde está el perro? ¡Ay! ¡Qué miedo tengo!

4. _____ Estamos en la cocina. ¿Dónde está la leche?

5. _____ ¡Qué bonito está el día! Mi tortuga y yo estamos fuera de la casa.

6. _____ ¡Pobrecito! Mi pez y yo estamos en el patio. El pez tiene mucha hambre.

B. Gregorio is writing sentences about his friends and neighbors. He needs your help to fill in the verbs.

Primero, mira el dibujo. Luego, lee las listas y completa la oración. Sigue el modelo.

| cantar | limpiar | comer | √ buscar |
| nadar | leer | abrir | recibir |

Luis __**busca**__ el jugo de piña.

Rudy y José _____ todos los días.

Alfredo y yo _____ mucho al mediodía.

Marta _____ en la biblioteca de la escuela.

Juan y Nora _____ la casa.

La Sra. Ruiz y Lidia _____ la puerta del almacén.

C. School board members have to save money by getting rid of a service or an activity in the school. They have made up a questionnaire for the students. How do you answer their questions?

Lee y contesta las preguntas. Primero, lee el modelo.

M ¿Tus amigos y tú nadan mucho en la escuela?

Sí, nadamos todos los días. [No, no nadamos mucho.]
_____

1. ¿Tus amigos y tú leen muchos libros de la biblioteca?

_____

2. ¿Tus amigos y tú escriben reportes en las computadoras?

_____

3. ¿Tus amigos y tú practican los deportes en el gimnasio?

_____

4. ¿Tus amigos y tú comen en el comedor de la escuela?

_____

5. ¿Tus amigos y tú cantan y bailan en el auditorio?

_____

¡Alerta! ∿∿∿∿∿∿∿∿∿∿∿∿∿∿∿∿∿∿∿

Circle the word in each line that does not belong.

1. sal   azúcar   jugo   pimienta

2. zanahorias   carne   guisantes   legumbres

3. helado   huevos   avena   cereal

D. Sr. Fernández is an interior decorator. He wants to know how young people like to decorate their rooms.

Primero, lee la pregunta. Luego, contesta la pregunta en tus palabras. Lee el modelo.

M ¿A ti te gustan los colores oscuros o los colores claros?

A mí me gustan los colores claros.
_____

1. ¿A ustedes les gusta poner carteles o fotografías en las paredes?

_____

2. ¿A ti te gustan las lámparas grandes o las lámparas pequeñas?

_____

3. ¿A ustedes les gusta estudiar o jugar en sus cuartos?

_____

4. ¿A ti te gustan los tocadores altos o los tocadores bajos?

_____

E. Where do you put things in your room? Sr. Fernández would like to know.

Lee y contesta las preguntas en tus palabras. Primero, lee el modelo.

M ¿Tus zapatos? __**Pongo mis zapatos debajo de la cama.**__

1. ¿Tus juegos? _____

2. ¿Tus calcetines? _____

3. ¿Tus carteles? _____

4. ¿Tus abrigos? _____

F. Gloria is never satisfied with the lunches in the cafeteria. She always brings something to eat from home. She wants to know if other students do, too.

Primero, lee y completa la pregunta con la forma apropiada de **traer**. Luego, mira el dibujo y escribe la respuesta. Sigue el modelo.

M  Sonia, ¿qué _____**traes**_____ de tu casa?

Siempre traigo queso.

1.  Jorge, ¿qué _____ de tu casa?

_____

2.  Judit y Adán, ¿qué _____ de su casa?

_____

3. 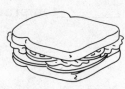 Ana, ¿qué _____ Daniel de su casa?

_____

4.  Lucía, ¿qué _____ de tu casa?

_____

G. Esperanza wrote two paragraphs about a typical school morning. Help her finish the paragraphs.

Primero, lee las oraciones. Luego, completa las oraciones con la forma apropiada de la palabra entre paréntesis.

Una mañana típica

Mis amigas y yo _____ muy cerca de la escuela. En la mañana
                     (vivir)

nosotras _____ a la escuela. Los conserjes _____ las
              (caminar)   (abrir)

puertas a las ocho en punto.

A las ocho y media mis amigas _____ la clase de arte. Yo
                                   (tener)

_____ la clase de ciencias. A veces _____ temprano
   (tener)   (ir)

a la clase porque _____ ayuda con las lecciones. A mí
                      (pedir)

_____ las ciencias, pero no _____ todas las lecciones.
   (gustar)   (comprender)

Los maestros siempre _____ a los alumnos con sus problemas.
                         (ayudar)

A. Srta. Canseco doesn't know much about sports and games. How do you answer her questions?

Primero, lee la pregunta. Luego, mira el dibujo y contesta la pregunta. Sigue el modelo.

¿A qué juega Diego?

Juega al ajedrez. _____

1.

¿A qué juegan Jorge y Sara?

_____

2.

¿A qué juega Teresa?

_____

3.

¿A qué juegan Mario y Paco?

_____

4.

¿A qué juega Juanita?

_____

B. Tomás has to do chores before dinner, and he has to study after dinner. He wants to know if other students have the same schedule.

Primero, lee la pregunta. Luego, lee las palabras entre paréntesis y contesta la pregunta. Sigue el modelo.

M Juan y Andrés, ¿qué tienen que hacer antes de la cena?
(estudiar y poner la mesa)

Tenemos que estudiar y poner la mesa.
_____

1. Tonia, ¿qué tienes que hacer después de la cena?
(lavar y secar los platos)

_____

2. Darío y Antonio, ¿qué tienen que hacer antes de la cena?
(regar las plantas y sacar la basura)

_____

3. Susana, ¿qué tienen que hacer tus hermanos después de la cena?
(pasar la aspiradora y escribir cartas)

_____

4. Mateo, ¿qué tienes que hacer antes de la cena?
(barrer el piso y quitar el polvo)

_____

5. Beatriz, ¿qué tienen que hacer tus hermanas después de la cena?
(¡nada!)

_____

C. Imagine that your neighbors' house flooded. You offer to help them clean up. What
    do they want you to do?

    Primero, lee la palabra entre paréntesis. Luego, completa la oración.
    Sigue el modelo.

    Ⓜ (sacar)   **Saca**_____ la basura, por favor.

    1. (recoger)   _____ las cosas del piso, por favor.

    2. (barrer)   _____ el piso de la cocina, por favor.

    3. (lavar)   _____ las ventanas, por favor.

    4. (limpiar)   _____ el piso del pasillo, por favor.

    5. (secar)   _____ las cortinas, por favor.

    6. (abrir)   _____ la puerta y las ventanas, por favor.

D. Finally you have finished cleaning the house. When the Garcías invite you to
    dinner, you notice that their house is clean, but you are a mess! What will you do
    before you go to dinner?

    Primero, lee las oraciones. Luego, escribe la forma apropiada de la
    palabra entre paréntesis. Lee la primera oración.

    ¡Caramba! Primero, _____**me quito**_____ la ropa sucia. Luego,
                        (quitarse)

    _____ y _____. Por último, _____ y
        (bañarse)   (secarse)   (peinarse)

    _____ ropa limpia. Ahora _____ de la casa. Los
        (ponerse)   (irse)

    García y yo _____ a cenar.
                    (ir)

E. María wants someone to go to the movies with her. Everyone is busy at the moment. What do they say they are doing?

Primero, lee la pregunta. Luego, mira el dibujo y escribe la respuesta.   Sigue el modelo.

Adela, ¿quieres ir al cine?

No, María. Estoy barriendo el piso. _____

Ricardo, ¿quieres ir al cine?

_____

Diana, ¿quieres ir al cine?

_____

3.

Papá, ¿quieres ir al cine?

_____

4.

Pancho, ¿quieres ir al cine?

_____

A. In Sara's Spanish class, all the students must choose a country to study. Sara's friends are planning their choices because they know people from those countries.

Primero, completa la pregunta con la forma apropiada de **querer**. Luego, completa la respuesta con las formas apropiadas de **pensar** y **conocer**. Sigue los modelos.

M P: Adolfo, ¿qué país _____**quieres**_____ escoger?

     R: _____**Pienso**_____ escoger México. _____**Conozco**_____ a unos mexicanos.

M P: Luisa y Marta, ¿qué país _____**quieren**_____ escoger?

     R: _____**Pensamos**_____ escoger Bolivia. _____**Conocemos**_____ a unos bolivianos.

1. P: Carlos, ¿qué país _____ escoger?

     R: _____ escoger Venezuela. _____ a unos venezolanos.

2. P: Inés y Víctor, ¿qué país _____ escoger?

     R: _____ escoger Honduras. _____ a unos hondureños.

3. P: Claudia, ¿qué país _____ escoger Simón?

     R: _____ escoger Panamá. _____ a unos panameños.

4. P: Hugo, ¿qué país _____ escoger Olga y Delia?

     R: _____ escoger Costa Rica. _____ a unos costarricenses.

B. Whom do you know in the neighborhood? Little Horacio is curious. How do you answer his questions?

Primero, completa la pregunta. Luego, completa la respuesta. Sigue el modelo.

M ¿ _____**Conoces**_____ al Sr. Trujillo?

¡Claro que sí! También _____**conozco**_____ a su hija Mariela.

1. ¿Tus hermanos _____ a Luisito?

¡Claro que sí! También _____ a su hermana Mónica.

2. ¿ _____ a Federico?

¡Claro que sí! También _____ a su prima Flora.

3. ¿Tus amigos y tú _____ a Samuel?

¡Claro que sí! También _____ a su primo Eduardo.

4. ¿Tu mamá _____ a Dolores?

¡Claro que sí! También _____ a su hermanito Diego.

C. Eugenio is helping the movers by telling them where there is room to put the rest of the furniture. How does he answer their questions?

Primero, lee la pregunta. Luego, mira el dibujo y contesta la pregunta con **algo** o **nada**. Sigue el modelo.

Modelo: ¿Hay algo sobre el televisor?

No, no hay nada.

1. ¿Hay algo en el pasillo?

    _____

2. ¿Hay algo delante del sofá?

    _____

3. ¿Hay algo a la derecha de la ventana?

    _____

4. ¿Hay algo en el estante?

    _____

5. ¿Hay algo detrás del sofá?

    _____

6. ¿Hay algo en la pared?

    _____

D. Dos Estrellas productions wants to make a movie in your school. The director is looking for people to play certain parts. How do you answer his questions?

Primero, lee la pregunta. Luego, contesta la pregunta con **alguien** o **nadie.** Sigue el modelo.

> **Modelo:** ¿Hay alguien muy alto en la escuela?
>
> **No, no hay nadie alto. [Sí, hay alguien muy alto.]**
> _____

1. ¿Hay alguien muy fuerte en la clase de educación física?

   _____

2. ¿Hay alguien muy delgado en la oficina de la escuela?

   _____

3. ¿Hay alguien muy simpático en la clase de español?

   _____

4. ¿Hay alguien muy impaciente en la parada de autobús?

   _____

5. ¿Hay alguien muy atlético en el gimnasio?

   _____

6. ¿Hay alguien muy inteligente en la biblioteca?

   _____

7. ¿Hay alguien muy tímido en la clase de inglés?

   _____

8. ¿Hay alguien muy generoso en el comedor?

   _____

E. Graciela's best friend has moved to another town. She wants to become friends with you. What do you have in common?

Primero, lee la oración y la pregunta. Luego, contesta la pregunta en tus palabras. Sigue el modelo.

M Mi familia y yo pensamos ir al teatro el sábado. ¿Adónde piensan ir tu familia y tú?

Pensamos ir al mercado el sábado.

1. Mis clases comienzan a las nueve. ¿A qué hora comienzan tus clases?

_____

2. Yo puedo patinar bien. ¿Puedes tú patinar?

_____

3. Mi familia quiere ir a México. ¿Adónde quieren ir ustedes?

_____

4. Almuerzo a las once y media. ¿A qué hora almuerzan tus amigos y tú?

_____

5. Me gusta probar frutas tropicales. ¿A veces pruebas frutas tropicales?

_____

6. No pienso hacer nada mañana. ¿Qué piensan hacer tus amigos y tú?

_____

¡Alerta! ~~~~~~~~~~~~~~~~~~~~~~~~~~~~~~~~~~~

How fast can you answer these questions?

1. ¿Quién es más alto — tu maestro o tú?

_____

2. ¿Quiénes son más impacientes — las muchachas o los muchachos?

_____

F. The school drama club is putting on a play, "La tribu prehistórica." What are the
    main characters like?

    **Mira el dibujo y contesta la pregunta con el más o la más. Sigue el
    modelo.**

Modelo:

¿Quién es la más tímida?

Mira es la más tímida.

1.

¿Quién es el más atlético?

3.

¿Quién es la más bonita?

2.

¿Quién es la más generosa?

4.

¿Quién es el más inteligente?

¡Aprende el vocabulario!

A. The Arango family is planning to take a vacation trip this winter. Where do family members want to go?

Primero, lee la pregunta. Luego, mira el dibujo y contesta la pregunta. Sigue el modelo.

 Emilio, ¿adónde quieres ir?

Quiero ir a la selva.
_____

1.  Cecilia, ¿adónde quieres ir?

_____

2.  Ramón y Tania, ¿adónde quieren ir?

_____

3.  Abuelita, ¿adónde quieres ir?

_____

4.  Mamá y papá, ¿adónde quieren ir?

_____

B.   Miguel is helping his grandfather plan a trip. How do they do it?

Primero, lee las oraciones. Luego, lee las listas y completa las oraciones. (Hay más palabras que oraciones.) Sigue el modelo.

un billete	la agente	las montañas	descansar
el desierto	pagar	la agencia	un lago
un volcán	√ viajar	la selva	costar

M   Mi abuelo piensa _____viajar_____ muy lejos.

1.   Primero, tenemos que ir a _____ de viajes.

2.   A _____ de viajes le gusta ayudar a las personas.

3.   Mi abuelo no quiere ir a _____ porque son muy altas y grandes.

4.   Tampoco quiere estar muy cerca de _____ .

5.   Quiere ir a _____ porque le gusta nadar.

6.   Abuelito tiene que comprar _____ .

7.   Va a _____ muchos dólares.

8.   Mi abuelo tiene que _____ trescientos dólares.

¡Alerta! ∼∼∼∼∼∼∼∼∼∼∼∼∼∼∼∼∼∼∼∼∼∼∼∼∼∼∼∼∼∼

Circle the word in each line that does not belong.

1.   montaña   valle   volcán   agencia

2.   playa   desierto   lago   río

C. Play a game of "¿Dónde están los viajeros?"

Primero, lee las oraciones. Luego, contesta la pregunta **¿Dónde está el viajero (la viajera)?** Sigue el modelo.

M LUIS: Siempre hace sol y hace mucho calor. Siempre tengo sed.

El viajero está en el desierto.
_____

1. RITA: Estoy en un barco. Hay casas a la izquierda y a la derecha.
_____

2. PEDRO: Hay muchas plantas tropicales. También hay pájaros exóticos de muchos colores.
_____

3. ELENA: Tengo que subir muy alto. Estoy en las nubes. Puedo mirar las casitas pequeñitas en el valle.
_____

4. ALBERTO: Hay carteles de volcanes y de ciudades. Hay un escritorio y unas sillas. También hay un hombre muy simpático.
_____

D. You are planning a trip. What can you ask your travel agent?

Escribe cuatro preguntas para hacer a un agente de viajes. Primero, lee las preguntas de Nicolás.

1. ¿Hay un lago muy cerca de aquí?   **3.** ¿Puedo descansar en el viaje?
2. ¿Son bonitas las playas de México?   **4.** ¿Va a costar mucho el billete?

1. _____

2. _____

3. _____

4. _____

¡Vamos a practicar!

A. Óscar and Judit are having a conversation. You can hear the questions, but you can't hear the answers.

Primero, lee la pregunta. Luego, lee las oraciones. Por último, subraya la respuesta apropiada. Sigue el modelo.

Modelo: ¿Cuándo visitan a sus primos?

    a. Visitas a tus primos en junio.

    b. Visito a mis primos en junio.

    c. <u>Visitamos a nuestros primos en junio.</u>

---

1. ¿Dónde viven tus primos?

    a. Vivimos en las montañas.

    b. Viven en las montañas.

    c. Vive en las montañas.

2. ¿Viajas mucho con tu familia?

    a. No, no viajo mucho.

    b. No, no viajan mucho.

    c. No, no viaja mucho.

3. ¿Leen novelas tus primos?

    a. Sí, a veces leemos novelas.

    b. Sí, a veces leo novelas.

    c. Sí, a veces leen novelas.

4. ¿Tus primos y tú corren mucho?

    a. Sí, corren mucho.

    b. Sí, corremos mucho.

    c. Sí, corro mucho.

5. ¿Ustedes reciben cartas de los primos?

    a. Nunca recibes cartas.

    b. Nunca recibo cartas.

    c. Nunca recibimos cartas.

6. ¿Descansas en las montañas?

    a. A veces descanso.

    b. A veces descansamos.

    c. A veces descansa.

B. Alejandro is interviewing his friends to find out what they like to do on their summer vacations. How do his friends answer him?

Primero, lee la pregunta. Luego, mira el dibujo y contesta la pregunta. Sigue el modelo.

M Federico y Cristiano, ¿les gusta trabajar?

Sí, trabajamos mucho en el verano.
_____

1. Inés, ¿te gusta comer?

_____

2. Ema y Clara, ¿les gusta escribir cartas?

_____

3. Rafael, ¿te gusta pintar?

_____

4. Ernesto, ¿a tus papás les gusta descansar?

_____

5. Violeta, ¿a tus amigas les gusta correr?

_____

6. Silvia, ¿a tus abuelos les gusta viajar?

_____

C. Student volunteers worked and entertained at the community center last weekend.
    Their photos have been developed. Now you must write the captions for the school
    newspaper.

    Primero, mira el dibujo. Luego, escribe una oración sobre el dibujo.
    Lee el modelo.

Modelo:

Lola y Pablo pintan las paredes.

1.

_____

_____

4.

_____

_____

2.

_____

_____

5.

_____

_____

3.

_____

_____

6.

_____

_____

¡Vamos a practicar!

A. Rebeca's relatives love to travel. She never knows where they are. She is always happy to hear from them.

Primero, completa la pregunta con la forma apropiada de **estar**. Luego, mira el dibujo y escribe la respuesta. Sigue el modelo.

M P: ¡Tío Francisco! ¿Dónde _____**estás**_____ ?

R: ___**Estoy en la selva.**_____

1. P: ¡Abuelito y abuelita! ¿Dónde _____ ?

R: _____

2. P: ¡Tía Migdalia! ¿Dónde _____ ?

R: _____

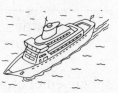

3. P: ¡Juan! ¿Dónde _____ tía Rita?

R: _____

4. P: ¡Patricia! ¿Dónde _____ mis primos?

R: _____

B. Enrique has written a paragraph about his favorite aunt. Help him finish it.

Primero, lee las oraciones. Luego, completa cada oración con la forma apropiada de la palabra entre paréntesis. Lee la primera oración.

Mi tía Adriana

Mi tía Adriana _____**es**_____ fotógrafa. Ella _____ a
                        (ser)   (ir)

muchos países para sacar fotos. Ahora ella _____ en el Atacama, un
                                              (estar)

desierto en Chile. Yo _____ fotógrafo también. Algunas veces mi tía
                        (ser)

y yo _____ al río. Otras veces _____ a una ciudad.
      (ir)   (ir)

Todos los amigos de mi tía _____ fotógrafos. Ahora, dos amigos
                            (ser)

_____ en Costa Rica. Ellos siempre _____ a las
  (estar)   (ir)

selvas en el otoño. El trabajo de los fotógrafos _____ muy
                                                    (ser)

interesante.

¡Vamos a practicar!

A. Little Pepito asks many questions. Maybe someday he'll become a detective!

Primero, lee la palabra entre paréntesis. Luego, lee y completa la pregunta. Sigue el modelo.

M   (poder)   ¿Cuándo _____**puedes**_____ tú viajar?

1.   (almorzar)   ¿Dónde _____ tus amigos y tú?

2.   (volver)   ¿A qué hora _____ tus hermanos?

3.   (poder)   ¿Por qué no _____ yo correr ahora?

4.   (probar)   ¿ _____ tus amigos los platos tropicales?

5.   (costar)   ¿Cuánto _____ un billete al Canadá?

B. Now you can answer Pepito's questions.

Primero, lee las palabras entre paréntesis. Luego, contesta las preguntas del ejercicio A. Sigue el modelo.

M   (en el verano)   **Puedo viajar en el verano.** _____

1.   (en el comedor)   _____

2.   (a las cuatro)   _____

3.   (no / en la casa)   _____

4.   (a veces)   _____

5.   (muchos dólares)   _____

C. Inés and her friends are practicing their comedy skits for the talent show. Help
    them out when they forget a word.

    Primero, lee las conversaciones. Luego, escoge una palabra de las
    listas y escribe la forma apropiada para cada oración. Lee la
    primera oración.

    | estar | cerrar | ser |
    | comenzar | pensar | costar |

1. INÉS: La clase de matemáticas _____comienza_____ en quince minutos.

        ¡Y nosotros _____ muy lejos de la escuela!

    HUGO: ¿Qué _____ hacer? ¡La clase _____
        en cinco minutos!

    INÉS: ¡ _____ correr mucho!

2. PAPÁ: ¿Por qué _____ las ventanas, niños? Hace calor.

    NIÑO: _____ las ventanas porque hay un pájaro muy
        grande en el patio.

    PAPÁ: ¡Hijos! No _____ un pájaro. ¡ _____
        el nuevo sombrero de mamá!

3. HOMBRE: ¿Dónde _____ ustedes pasar las vacaciones?

    MUJER: _____ viajar a Colombia, a España, a Puerto Rico y
        a México.

    HOMBRE: ¡Uy! ¿ _____ mucho los billetes?

    MUJER: ¿Qué billetes? _____ ir al cine todos los días.

Expresa tus ideas

The Explorers' Club is back again! They are making plans for an exciting trip this year. Will they ever agree on a destination?

Primero, mira el dibujo. Luego, escribe por lo menos cinco oraciones.

_____

_____

_____

_____

_____

_____

_____

_____

_____

_____

La página de diversiones ●◆▪▪◉◆▫▫●◇▪▪◉◆▫▫

En busca del tesoro

Mario Ojos de Águila and his brave assistant Victoria Valiente are searching for the treasure of the enchanted emerald. They are lost and have radioed for your help. Lead them out of the rain forest to the enchanted emerald.

Dibuja la ruta de los aventureros al tesoro.

¡Aprende el vocabulario!

A. Sofía is angry. She spent hours arranging the bulletin-board display. Overnight, someone removed all the labels from under the pictures!

Primero, mira el dibujo y lee las palabras. Luego, escribe el número de la etiqueta debajo del dibujo. Mira el primer dibujo.

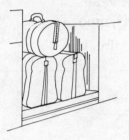   

_____6_____   _____   _____   _____

_____   _____   _____   _____

1.	la maleta	5.	el horario
2.	los asientos	6.	el equipaje
3.	la piloto	7.	el pasajero
4.	la aeromoza	8.	el aeromozo

B. Simón loves to go to the airport just to watch the people and activity. What does he observe?

Primero, lee la oración. Luego, lee las listas y completa la oración. (Hay más palabras que oraciones.) Sigue el modelo.

hacer fila	los pilotos	√ despega
vuela	aterriza	a tiempo
cómodos	los aeromozos	la maleta

M El avión sale del aeropuerto. El avión _____despega_____ .

1. Otro avión llega al aeropuerto. Ese avión _____ .

2. Antes de subir al avión, los pasajeros tienen que _____ .

3. Un vuelo no llega tarde y no llega temprano. Llega _____ .

4. _____ preparan los instrumentos del avión.

5. Dentro del avión, los pasajeros buscan asientos _____ .

6. _____ ayudan a los pasajeros.

C. Simón's sister Lucinda works at the airport, announcing the flight arrivals and departures. What is she announcing now?

Primero, lee las palabras entre paréntesis. Luego, escribe una oración con **llega** o **sale**. Sigue el modelo.

M (vuelo 93 / llegada: 11:15) **El vuelo 93 llega a las once y cuarto.**

1. (vuelo 22 / salida: 2:30) _____

2. (vuelo 15 / salida: 6:30) _____

3. (vuelo 32 / llegada: 4:00) _____

4. (vuelo 57 / llegada: 5:10) _____

¡Vamos a practicar! ███████████████

A. Wilfredo forgot to eat breakfast this morning. He is impatient as he stands in line for lunch in the cafeteria. Who is in line ahead of him?

Primero, lee y completa la pregunta. Luego, lee y completa la respuesta. Sigue el modelo.

M P: Luis, ¿ _____**hacen**_____ fila Lupe y José?

   R: Sí, ellos _____**hacen**_____ fila.

1. P: Daniel, ¿ _____ fila?

   R: Sí, _____ fila.

2. P: Elena, ¿ _____ fila Carlota y tú?

   R: Sí, _____ fila.

3. P: Sra. González, ¿ _____ fila usted?

   R: Sí, _____ fila.

4. P: Paula y Blanca, ¿ _____ fila ustedes?

   R: Sí, _____ fila.

5. P: Francisco, ¿ _____ fila?

   R: Sí, yo _____ fila también.

WILFREDO: ¡Caramba! ¡No voy a comer nunca!

B. Where do you and your friends always, sometimes, or never stand in line?

Primero, lee la pregunta y mira el dibujo. Luego, escribe una oración con **siempre, a veces** o **nunca**. Sigue el modelo.

M   ¿Haces fila aquí?

Sí, a veces hago fila en el salón de clase. _____

1.   ¿Tus amigos y tú hacen fila aquí?

_____

2.   ¿Haces fila aquí?

_____

3.   ¿Tus amigos y tú hacen fila aquí?

_____

4.   ¿Haces fila aquí?

_____

C. Margarita has just received a letter from Lorenzo, her cousin who lives in Puerto Rico. What does he tell her?

Primero, lee la carta. Luego, contesta las preguntas.

> Querida Margarita,
>
> Saludos desde Puerto Rico. Hace muy buen tiempo en nuestra isla.
>
> Mis padres y yo hacemos planes para viajar a España en diciembre. Pensamos ir a Madrid y a la Costa del Sol.
>
> En enero, hago un viaje a la Florida con mis compañeros de clase. En enero, siempre hace sol en la Florida. Nosotros hacemos planes para ir a las playas bonitas. No queremos ir a los parques de atracciones porque no nos gusta hacer fila.
>
> Con cariño,
>
> *Lorenzo*

1. ¿Qué tiempo hace en Puerto Rico?

   _____

2. ¿Qué hacen Lorenzo y sus padres?

   _____

3. ¿Adónde van a hacer el viaje?

   _____

4. ¿Qué hace Lorenzo en enero?

   _____

5. ¿Con quiénes va a hacer el viaje?

   _____

6. ¿Qué planes hacen ellos?

   _____

¡Vamos a practicar!

A. Sr. Molina's class is playing "Call My Bluff!" One or more people make statements and the players must say whether they are telling the truth or a lie. How well do you play?

Primero, lee la oración. Luego, escribe otra oración con **una mentira** o **la verdad**. Sigue el modelo.

M DIEGO Y GUSTAVO: Los barcos vuelan.

Ellos dicen una mentira.
_____

1. HORTENSIA: México está en Europa.

_____

2. MIGUEL: Compras un billete antes de hacer un viaje.

_____

3. TERESA Y ANITA: Hay muchos aviones en el aeropuerto.

_____

4. MARTÍN Y LEONOR: Nieva mucho en el verano.

_____

5. CARMEN: Siempre voy a la escuela en avión.

_____

6. VICENTE: Los aeromozos son empleados de la línea aérea.

_____

B. Do you and your classmates always agree? Choose a partner and find out! If you agree, write one sentence. If you disagree, write two sentences.

Escoge a un compañero o a una compañera. Primero, lee la oración. Luego, escribe una o dos oraciones. Sigue los modelos.

Ⓜ Un piloto es más inteligente que un aeromozo.

Yo digo que sí. Mi compañera dice que no.

Ⓜ Los alumnos siempre estudian mucho.

Decimos que no.

1. Un aeropuerto es más grande que una escuela.

   _____

2. Un autobús es menos grande que un avión.

   _____

3. Los asientos del salón de clase son incómodos.

   _____

4. Los alumnos siempre corren por los pasillos de la escuela.

   _____

5. Los maestros siempre llegan a tiempo a sus clases.

   _____

¡Alerta! ∿∿∿∿∿∿∿∿∿∿∿∿∿∿∿

How well do you know your history?

Nombra al ex-presidente de los Estados Unidos:

   "No puedo decir una mentira . . ."

_____

_____

C. It seems that every two minutes, someone is saying something to Felipe. Are you having a day like that, too?

Primero, lee las listas de palabras. Luego, escoge unas palabras de cada lista para formar una oración. Escribe por lo menos seis oraciones. Lee las oraciones de Felipe.

mis papás	digo que	tener (examen, frío . . .)
el maestro	dices que	ir a (viajar, cantar . . .)
la maestra	dice que	ser (simpático, inteligente . . .)
mis amigos	decimos que	gustar (la película, la clase . . .)
yo	dicen que	tener que (estudiar, lavar . . .)
tú		hacer (frío, buen tiempo . . .)
nosotros		

Modelos: El maestro dice que tenemos que estudiar mucho.

Mis amigos dicen que no les gustan las películas largas.

Tú dices que hace muy mal tiempo hoy.

Yo digo que mis amigos son simpáticos.

1. _____

_____

2. _____

_____

3. _____

_____

4. _____

_____

5. _____

_____

6. _____

_____

Nombre _____

¡Vamos a practicar! ████████████████

A. The Suárez family left the house in a hurry. Sr. Suárez did not have time to be sure his son and daughter packed the right clothing for their trip. How do they answer his questions?

Primero, lee la pregunta. Luego, lee y completa la respuesta. Dibuja un círculo alrededor de la palabra apropiada y escribe la palabra en la oración. Sigue los modelos.

Ⓜ Sara, ¿traes las chaquetas?　　　　　　lo　　　los　　　la　　(las)

Sí, ____las____ traigo.

Ⓜ Rudy, ¿traes tus zapatos?　　　　　　　lo　　(los)　　la　　las

No, no ____los____ traigo.

1. Rudy, ¿traes tu camisa nueva?　　　　　lo　　　los　　　la　　　las

Sí, _____ traigo.

2. Sara, ¿traes tu vestido bonito?　　　　　lo　　　los　　　la　　　las

Sí, _____ traigo.

3. Rudy, ¿traes los calcetines negros?　　　lo　　　los　　　la　　　las

No, no _____ traigo.

4. Sara, ¿traes tu impermeable?　　　　　　lo　　　los　　　la　　　las

No, no _____ traigo.

5. Rudy, ¿traes tus botas?　　　　　　　　　lo　　　los　　　la　　　las

Sí, _____ traigo.

6. Sara, ¿traes tu bata nueva?　　　　　　　lo　　　los　　　la　　　las

No, no _____ traigo.

B. Sra. Fuentes is giving a party for visitors from South America. Her sons, Pepe and Julio, are helping her with the chores.

Primero, lee la oración. Luego, escribe otra oración con **lo, los, la** o **las**. Sigue el modelo.

   Modelo: Pepe, ¡abre la ventana!

   La abro ahora mismo.

1. Julio, ¡barre el balcón!   4. Pepe, ¡saca la basura!

   _____   _____

2. Pepe, ¡abre las latas!   5. Julio, ¡lava los platos!

   _____   _____

3. Julio, ¡quita el polvo!   6. Pepe, ¡cierra las ventanas!

   _____   _____

C. At the party, Sra. Fuentes is making sure the guests know one another.

Primero, lee la pregunta. Luego, escribe la respuesta con **sí** o **no**. Sigue el modelo.

   Modelo: Eduardo, ¿conoces a Julio y Pepe?

   (no) **No, no los conozco.**

1. Matilde, ¿conoces a Catalina?   4. Tania, ¿conoces a Pedro?

   (no) _____   (no) _____

2. Pepe, ¿conoces al Sr. Luna?   5. David, ¿conoces a Clarita?

   (sí) _____   (no) _____

3. Iris, ¿conoces a Marta y Raúl?   6. Leo, ¿conoces a Rita y Ana?

   (sí) _____   (sí) _____

D. Imagine that a reporter from Spain wants to interview you. He is writing an article about young people in the United States.

Lee y contesta las preguntas en tus palabras. Usa **lo, los, la** o **las** en tus respuestas. Primero, lee el modelo.

Modelo: ¿Usas la computadora en tu escuela?

Sí, la uso mucho. [No, nunca la uso.]

1. ¿Miras la televisión en la tarde?

   _____

2. ¿Cuándo miras tu programa favorito?

   _____

3. ¿Cuándo estudias las lecciones del día?

   _____

4. ¿Cuántas horas al día estudias el español?

   _____

5. ¿Ayudas a tus papás? ¿Cómo?

   _____

6. ¿Invitas a tus amigos o amigas a tu casa? ¿Cuándo?

   _____

7. ¿Cuándo visitas a tus amigos o amigas?

   _____

8. ¿Conoces a los amigos de tus papás?

   _____

Nombre _____

Vamos a leer ▮▮▮▮▮▮▮▮▮▮▮▮▮▮▮▮

Spanish-language magazines often feature interviews. Frequently, the interviewer's questions and comments appear in *italics,* or slanted letters. Practice reading this short interview.

Una entrevista con un piloto

¿Le gusta mucho viajar?

Sí, me gusta mucho. Sobre todo me gustan los vuelos internacionales.

¿Conoce a muchas personas de otros países?

En realidad, no hay tiempo para conocer a las personas.

¿Por qué no?

Por ejemplo, el vuelo llega a las ocho de la mañana. Recogemos nuestro equipaje, pasamos por la aduana y, luego, tomamos un taxi a la ciudad. Tenemos que comer y descansar porque nuestro vuelo sale el próximo día a las ocho.

¡Qué lástima! ¿Cómo pasa usted las vacaciones?

¡Hago viajes en avión! Tengo una avioneta.

¿Cómo son los aeromozos?

En general, son muy simpáticos. Me ayudan mucho en los vuelos. Mi hija es aeromoza.

¡Fantástico!

Sí. A ella le gusta mucho ayudar a los pasajeros. A veces los pasajeros tienen miedo de viajar en avión. Ella los ayuda. Tiene muy buen sentido de humor.

¿A veces trabajan ustedes en el mismo vuelo?

No. Ella trabaja en los vuelos domésticos y yo trabajo en los vuelos internacionales.

Muchas gracias por contestar mis preguntas. Usted es muy amable.

Pues, las contesto con mucho gusto.

¡Aprende más!

Two different words that have the same, or almost the same, meaning are called
synonyms. In Spanish, there are many words that have synonyms. For example,
the words **avión** and **aeroplano** are synonyms. Study the following list of
synonyms in Spanish.

La palabra	**Los sinónimos**
el billete	el boleto, la entrada
el país	la nación, la patria
poner	colocar
la maleta	la valija
cómico	divertido, gracioso, chistoso
el compañero	el colega, el camarada
hacer (una cosa)	producir, fabricar
hablar	conversar, platicar
el automóvil	el coche, el carro

Read the following sentences. Find a synonym in the list above for each word in
heavy, **black** letters. Then rewrite the sentence, using the synonym.

Los pasajeros **ponen** sus **maletas** debajo de los asientos.

_____

Mi **compañero** no quiere comprar **un billete.**

_____

Los obreros **hacen automóviles** en la fábrica.

_____

Me gusta **hablar** con las personas **cómicas.**

_____

_____

Nombre _____

La página de diversiones ●◈▪:◉◆⸬●◈⸪◉◆⸦

Busca las palabras

First, read the sentences. Then look in the puzzle for each word in a sentence that is in heavy, **black** letters. The words may appear across, down, or diagonally. When you find a word, circle it.

   After you have circled all the words, you will find the name of a country that is noted for its coffee.

1. La **piloto** siempre tiene un **asiento cómodo.**
2. **Hago fila** con mis amigos.
3. La **pasajera viaja** con una **maleta** grande.
4. La **aeromoza** busca la **salida** del vuelo en el horario.
5. ¿Tú **dices** que el avión **vuela** primero y **despega** luego? ¡Imposible!

```
P  I  L  O  T  O  C  O
M  A  L  E  T  A  O  L
D  E  S  P  E  G  A  S
C  R  O  A  A  M  A  A
Ó  O  D  H  J  L  L  L
M  M  I  B  I  E  I  I
O  O  C  F  U  A  R  D
D  Z  E  V  I  A  J  A
O  A  S  I  E  N  T  O
```

_____ produce mucho café.

¡Aprende el vocabulario!

A. Imagine that you are checking into a hotel room. What does the hotel clerk show you in the room?

Primero, mira el dibujo. Luego, lee y completa la oración. Sigue el modelo.

M 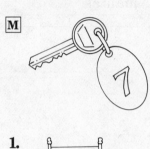   ¡Aquí está

la llave!
_____

1.    ¡Aquí está

_____

_____

2.    ¡Aquí está

_____

_____

3.    ¡Aquí está un cuadro

_____

4. ¡Aquí están

_____

_____

5.    ¡Aquí está

_____

_____

6. 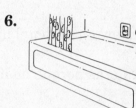   ¡Aquí está

_____

_____

7.   ¡Aquí están

_____

_____

8.    ¡Aquí está

_____

_____

¡Alerta! ∿∿∿∿∿∿∿∿∿∿

Name two things you can take to reach the top floor:

_____

B. Cristina is staying in a very old hotel. How does she describe it in her letter?

Primero, lee la carta. Luego, lee las listas de palabras. Por último, completa las oraciones. Lee la primera oración.

la habitación	ascensor	sábanas	fría
dura	los turistas	√ antiguo	mantas

Querido Raimundo,

¡Qué horror! Estoy en un hotel muy _____ **antiguo** _____ . Tengo

que subir las escaleras porque no hay _____ .

No hay cuarto de baño en _____ . El cuarto de baño

está muy lejos, al otro lado del pasillo. ¡Solamente hay un cuarto de baño

para todos _____ ! Además, el agua siempre está

_____ .

Mi cama es muy _____ . No hay

_____ y _____ limpias para la

cama.

¡Nos vemos muy pronto!

Cristina

C. The Díaz family has just arrived at a hotel. What do they think of the room? (You can use words in the lists more than once!)

Primero, mira el dibujo. Luego, lee las listas de palabras. Por fin, escribe una o dos oraciones para cada persona. Sigue el modelo.

la sábana	el arte antiguo
la cama	las tarjetas postales
duro	escribir
blando	gustar
cómodo	la silla

Modelo: MAMÁ: La sábana es muy blanda.

1.   ELENA: _____

2.   _____

3.   MARTÍN: _____

4.   _____

5.   PAPÁ: _____

¡Vamos a practicar!

A. When Benjamín goes to the hotel clerk's office, he finds himself in a long line of people. The clerk is frantic because they all ask him for things.

Primero, lee la oración. Luego, completa la oración con la forma apropiada de **pedir**. Sigue el modelo.

M Los turistas de California _____ **piden** _____ más toallas.

1. Una señora y yo _____ jabón.

2. También, yo _____ unas tarjetas postales.

3. El Sr. Bedoya _____ dos mantas.

4. Dos muchachas y yo _____ almohadas.

5. La Sra. Mora _____ otra habitación. ¡Sus hijos hablan mucho y ella no puede descansar!

B. Everyone is talking at once! The hotel clerk cannot hear the requests and is becoming very confused.

Lee y completa la pregunta con la forma apropiada de **pedir**.

1. Ustedes _____ más bañeras, ¿no?

2. Tú _____ tres sábanas, ¿no?

3. Las mujeres _____ sillas duras, ¿no?

4. El hombre _____ tarjetas antiguas, ¿no?

5. La mujer alta _____ otros hijos, ¿no?

C. Mariana has made many new acquaintances while on vacation. She wants to find someone to play chess with her.

Primero, completa la pregunta con la forma apropiada de **jugar**. Luego, mira el dibujo y escribe la respuesta. (Si necesitas ayuda, lee las listas al pie de la página.) Sigue el modelo.

M Arturo y Víctor, ¿ ___**juegan**___ ustedes al ajedrez?

No, nosotros jugamos al fútbol americano. _____

1. Carmen, ¿ _____ al ajedrez?

_____

2. Violeta y Dolores, ¿ _____ al ajedrez?

_____

3. Francisco, ¿ _____ al ajedrez?

_____

4. Benito y Celia, ¿ _____ al ajedrez?

_____

5. Armando, ¿ _____ al ajedrez?

_____

el tenis	el dominó	el fútbol americano
el fútbol	el baloncesto	el ajedrez

¡Vamos a practicar!

A. Gabriel received an instant camera for his birthday. Now there's no stopping him! He takes pictures of everyone! Help him finish his captions.

Primero, mira el dibujo. Luego, lee las oraciones y completa la oración con la palabra entre paréntesis. Sigue el modelo.

M

Ricardo tiene los dientes muy blancos.

Él ___**se cepilla**___ los dientes
  (cepillarse)

tres veces al día.

1.

Rosa acaba de nadar en el lago. Ahora,

_____ con la toalla.
  (secarse)

2.

Rubén y José tienen mucho pelo. Ellos

_____ veinte veces
  (peinarse)

al día.

3.

¡Pobrecita! Mi hermana tiene calor.

Ella _____ la
  (quitarse)

chaqueta.

4.

¡Qué horror! Mis hermanos siempre

_____ antes de las
  (levantarse)

seis de la mañana.

B. Patricia is interviewing her friend Raquel about her daily routine when she is on vacation.

Primero, completa la pregunta con la forma apropiada de la palabra entre paréntesis. Luego, completa la respuesta. Sigue el modelo.

M P: Raquel, ¿a qué hora _____**te despiertas**_____ ? (despertarse)

   R: _____**Me despierto**_____ a las nueve y media.

1. P: ¿Quién _____ primero, tus hermanos o tú? (bañarse)

   R: Yo siempre _____ primero. Ellos nunca

   _____ por la mañana.

2. P: ¿Qué hacen ellos? ¿ _____ ? (lavarse)

   R: Sí, siempre _____ la cara.

3. P: ¿Cuántas veces al día _____ ustedes los dientes? (cepillarse)

   R: _____ los dientes cuatro veces al día.

4. P: ¿A qué hora _____ ustedes? (acostarse)

   R: Mis hermanos _____ a las diez de la noche. Yo

   _____ a las once y media.

5. P: ¿Quiénes _____ primero? (dormirse)

   R: Pues, todos nosotros _____ a la misma hora.

C. What is the daily routine like at your house when everyone is on vacation?

Escribe por lo menos cuatro oraciones sobre las actividades por la mañana. Escribe cuatro oraciones sobre las actividades por la noche. Puedes usar las palabras en las listas.

acostarse	ponerse	quitarse	dormirse
levantarse	despertarse	irse	cepillarse
bañarse	secarse	peinarse	lavarse

Por la mañana

_____

_____

_____

_____

Por la noche

_____

_____

_____

_____

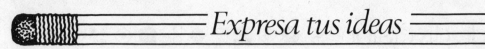

Expresa tus ideas

The Explorers' Club members are attending a conference of master explorers. Club members even get to stay in a hotel!

Mira el dibujo. Escribe por lo menos seis oraciones sobre el dibujo.

_____

_____

_____

_____

_____

_____

_____

Nombre _____

La página de diversiones ●◇■:⊙◆▫■●◇▪"◉◆▫□

Un crucigrama

Lee y completa las oraciones. Escribe las palabras en el crucigrama.

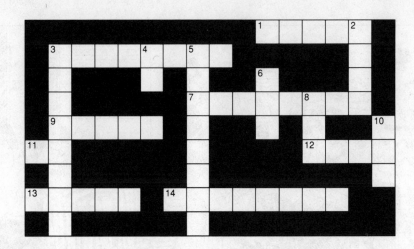

Horizontales

1. Luis —— al tenis.
3. Viajeros a otros países son —— .
7. Siempre me baño con agua —— .
9. Cuando me lavo, uso mucho —— .
11. —— acuesto temprano.
12. Yo —— los modelos de los ejercicios.
13. Tienes que poner una —— en la cama.
14. Primero nos acostamos; luego, nos —— .

Verticales

2. No me gusta mirar el —— moderno.
3. Rita escribe —— postales.
4. Hugo —— despierta a las siete.
5. Puedes subir al techo del hotel en el —— .
6. Son las llaves de mi cuarto. ¡Son —— llaves!
8. —— ponemos los abrigos en el invierno.
10. ¿Traes los libros? No, yo no —— traigo.

A. Sr. Rodríguez has misplaced his answer key to today's quiz. Help him make a new one.

Primero, lee las descripciones y las preguntas. Luego, dibuja una línea de la descripción al dibujo apropiado. Por último, escribe la palabra o las palabras a la derecha. (Hay más dibujos que descripciones.) Sigue el modelo.

el avión _____

Despega, vuela y aterriza.
¿Qué es?

_____

Ayuda a los pasajeros.
¿Quién es?

_____

Muchas personas están en la
entrada. ¿Qué hacen?

_____

La silla es muy incómoda.
No es blanda. ¿Cómo es?

_____

Tienes frío. Pones esta cosa
sobre la sábana. ¿Qué es?

_____

B. The pipes burst at school, and all the students were sent home early. Now, Elsa and Jaime don't know what to do with their free time. What do you suggest?

Primero, lee la palabra entre paréntesis. Luego, escribe una pregunta. Lee el modelo.

M (correr)   **¿Por qué no corren a la playa?** _____

1. (mirar)   _____

2. (escribir)   _____

3. (comer)   _____

4. (caminar)   _____

5. (aprender)   _____

6. (leer)   _____

C. Carlos just arrived at boarding school. His classmates tell him what they do together every day.

Primero, lee la oración y la palabra entre paréntesis. Luego, completa la oración. Sigue el modelo.

M Nosotros _____**nos despertamos**_____ temprano.
                    (despertarse)

1. Primero, _____ fila en el cuarto de baño.
                    (hacer)

2. Luego, _____ y _____
                (lavarse)   (cepillarse)
   los dientes.

3. _____ nuestros uniformes y _____
        (ponerse)   (irse)
   a la clase.

D. How well do you know your classmates? First, read Olga's list of rules that she wants to present to the principal. Then, write how you vote on the rule and how you think your classmates will vote.

Primero, lee la oración o las oraciones. Luego, escribe dos oraciones con **decir**. Lee el modelo.

	Tú	**Tus compañeros**
M Los alumnos no tienen que ir a la escuela los viernes.	Digo que sí.	Dicen que sí.
1. Necesitamos muchas vacaciones.	_____	_____
2. Los alumnos pueden llegar tarde a las clases.	_____	_____
3. Los alumnos nunca hacen fila en la escuela.	_____	_____
4. Las horas de clase tienen que ser más largas.	_____	_____
5. La clase de español tiene que viajar a España.	_____	_____
6. Los maestros nunca hacen preguntas fáciles.	_____	_____
7. Necesitamos pupitres modernos.	_____	_____
8. Podemos salir temprano todos los días.	_____	_____

E. Doña Aurora is taking her grandson on his first trip away from home. He is so excited, he cannot stop asking questions!

Primero, lee la pregunta. Luego, contesta la pregunta con **lo, los, la** o **las**. Sigue el modelo.

M ¿Necesitas un mapa?   **Sí, lo necesito.** _____

1. ¿Pides ayuda con la maleta? _____

2. ¿Necesitas una almohada? _____

3. ¿Quieres una manta? _____

4. ¿Quieres unos libros? _____

5. ¿Necesitas las llaves? _____

6. ¿Sigues a la aeromoza? _____

7. ¿Pides té? _____

8. ¿Tienes nuestros billetes? _____

9. ¿Juegas al dominó? _____

10. ¿Tienes paciencia? _____

¡Alerta! 〜〜〜〜〜〜〜〜〜〜〜〜〜〜〜〜〜〜〜

Unscramble the words to find out why the Franco family is so happy.

mostaes   ed   ciocanesva

_____

¡Aprende el vocabulario!

A. Jorge has earned money by washing cars. What does he do with his money?

Primero, lee las oraciones y mira los dibujos. Luego, escribe las palabras. Sigue el modelo.

Tengo muchos   (M)   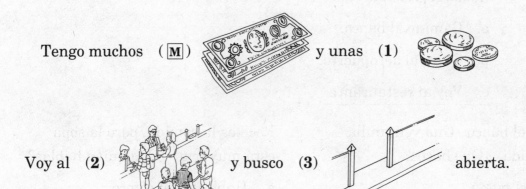   y unas   (**1**)

Voy al   (**2**)      y busco   (**3**)   abierta.

¡Qué bueno! Conozco a   (**4**)   Es la mamá de mi amigo Paco.

Ella dice que Paco está en   (**5**)

M	**billetes** _____	2. _____	4. _____
1.	_____	3. _____	5. _____

B. What do you do in each situation?

Primero, lee la oración y la pregunta. Luego, subraya la respuesta apropiada. Sigue el modelo.

Modelo: Estás fuera de la casa y tienes hambre. ¿Adónde vas?

a. Camino al banco.

b. Corro al aeropuerto.

c. Voy al restaurante.

1. Estás en el banco. Una ventanilla está cerrada. ¿Qué haces?

a. Pido el menú.

b. Voy a una ventanilla abierta.

c. Busco la camarera.

2. Tus amigos acaban de almorzar. ¿Qué hacen?

a. Van a la ventanilla del banco.

b. Piden monedas y billetes.

c. Piden la cuenta.

3. Recibes la comida, pero la sopa está muy fría. ¿Con quién hablas?

a. Hablo con el cajero.

b. Hablo con el piloto.

c. Hablo con el camarero.

4. La camarera trabaja muy bien. ¿Qué haces?

a. Pongo una propina en la mesa.

b. Pongo el menú en el piso.

c. Hago fila en el banco.

C. Are you a saver or a spender? Look at the amount of money and decide whether you will save it or spend it.

Lee los números y escribe una oración con **ahorrar** o **gastar**. Sigue el modelo.

M $1.50

Lo gasto. [Lo ahorro.]

1. $5.00

2. $20.00

3. 25¢

4. $100.00

5. $2.75

_____   _____   _____

¡Vamos a practicar!

A. The students are working very hard at their car wash. Laura has offered to bring them lunch on her way over. Paula wants to know what Laura is bringing people.

Primero, completa la pregunta. Luego, mira el dibujo y completa la respuesta. Usa **me, te, le, nos** o **les**. Sigue el modelo.

Ⓜ Rodolfo, ¿qué ____**te**____ trae Laura?

____**Me**____ trae_____**pollo**_____ .

1. Ema y Nora, ¿qué _____ trae Laura?

_____ trae_____ .

2. Señora Otoya, ¿qué _____ trae Laura?

_____ trae_____ .

3. Guillermo, ¿qué _____ trae Laura?

_____ trae_____ .

4. Lola y Saúl, ¿qué _____ trae Laura?

_____ trae_____ .

B. Why don't people like certain things? Finish their conversations and find out.

Lee y completa las conversaciones. Escribe las formas apropiadas de las palabras entre paréntesis. Sigue el modelo.

M   ANA: Juan, ¿por qué no _____**te gusta**_____ viajar? (gustar)

           JUAN: Porque siempre _____**me duele**_____ la cabeza. (doler)

1.   LIDIA: Diego, ¿por qué no _____ nadar? (gustar)

          DIEGO: Porque siempre _____ las orejas. (doler)

2.   EMILIO: Inés, ¿por qué _____ viajar a tus papás?
                   (gustar)

           INÉS: Porque a ellos _____ conocer a otras personas.
                   (gustar)

3. CAMARERO: Señora, ¿por qué no _____ la sopa? (gustar)

        SEÑORA: Porque _____ el estómago. (doler)

4.   LUIS: Rita, ¿por qué no _____ los teatros a tu familia
                   y a ti? (gustar)

           RITA: Porque no _____ los asientos duros. (gustar)

5.   CAJERA: Señores, ¿por qué no _____ a ustedes nuestro
                   banco? (gustar)

      SEÑORES: Porque no _____ hacer fila. (gustar)

C. Who does certain things for you?

Primero, lee la oración y la pregunta. Luego, escribe una respuesta en tus palabras. Lee el modelo.

M Estás en la biblioteca. ¿Quién te contesta las preguntas?

   La bibliotecaria me contesta las preguntas.
   _____

1. Estás en el gimnasio. ¿Quién te hace preguntas?

   _____

2. Estás en un avión. ¿Quién te pide el billete?

   _____

3. Estás en el banco. ¿Quiénes te traen dinero?

   _____

4. Estás en un almacén. ¿Quiénes te venden las camisetas y los zapatos?

   _____

5. Estás en una agencia de viajes. ¿Quién te vende un billete?

   _____

6. Tus amigos y tú están en un restaurante. ¿Quién les trae las hamburguesas?

   _____

7. Tus amigos y tú están en la oficina de la escuela. ¿Quién les hace preguntas?

   _____

8. Tus amigos y tú están en la enfermería. ¿Quién les contesta sus preguntas?

   _____

¡Vamos a practicar!

A. Rosalba is helping Sra. Padilla gather supplies and equipment from people around the school. Sra. Padilla is telling her which items people will give her.

Primero, lee la oración. Luego, escribe la forma apropiada de **dar**. Sigue el modelo.

Modelo: Las secretarias te ____dan____ unos cuadernos.

1. El Sr. Ibarra te _____ un globo grande.

2. Los cocineros te _____ unos platos de papel.

3. La maestra de ciencias te _____ un termómetro.

4. La bibliotecaria te _____ unas novelas en español.

B. What do people say to Rosalba when she comes for the supplies?

Lee y completa las preguntas.

Modelo: Nosotras te ___damos___ los cuadernos, ¿verdad?

1. Yo te _____ el globo grande, ¿verdad?

2. Nosotros te _____ los platos de papel, ¿verdad?

3. Yo te _____ un termómetro, ¿verdad?

4. Yo te _____ unas novelas en español, ¿verdad?

C. Gustavo is directing the school play. The actors remember their lines, but they forget to do the actions. Gustavo is reading them his notes on the last act.

Primero, lee las palabras. Luego, escribe una oración. Sigue el modelo.

Modelo: Roberto / le / dar / la mano / Susana

Roberto le da la mano a Susana.

1. Rita y Adela / le / dar / la carta / Julia

_____

2. Julia / les / dar / las gracias / ellas

_____

3. Tú / le / dar / la carta / Sr. Ortega

_____

4. Sr. Ortega / les / dar / la mano / policías

_____

5. Tú / les / dar / el nombre del taxista / policías

_____

6. Los policías / le / dar / una sorpresa / taxista

_____

D. Imagine that it is your job to give away the following items to people you know. (You may even give one item to yourself!)

Primero, mira el dibujo. Luego, escribe una oración. Lee unas oraciones de Esperanza.

1.

3.

5.

7.

2.

4.

6.

8.

Esperanza:
1. Le doy la computadora a mi papá.
2. Le doy la camiseta a mi hermanito.
3. Le doy la lámpara a mi abuela.
4. Me doy el abrelatas a mí.

1. _____

2. _____

3. _____

4. _____

5. _____

6. _____

7. _____

8. _____

¡Aprende **más**!

In this unit you have learned two expressions with the verb **dar: dar las gracias** and **dar la mano**. This small but useful verb is part of many expressions.

Read the following conversations and study the pictures. The expression with the verb **dar** is in heavy black letters. On the line below the picture and the conversation, write what you think the expression means.

1. JORGE: Iris, ¿cuál te gusta más—el gato grande o el gato pequeño?

   IRIS: **Me da lo mismo.** Me gusta el grande y me gusta el pequeño.

_____

2. TONY: Este vendedor siempre llega a las dos para vender sus aspiradoras.

   ANITA: ¿Qué le haces?

   TONY: **¡Le doy con la puerta en las narices!**

_____

3. MAMÁ: Mi hijo siempre estudia. Lee sus libros a todas horas. **No se da cuenta de que** hay otras personas en la casa.

   AMIGA: ¿Por qué no le escribes una carta?

_____

La página de diversiones ●◈▪▪◉◆▫▫●◆◈▪▫◉◆▫▫

El juego del treinta y cuatro

Unscramble the word and write it on the line. Then, find the number of the word in the lists below and write the number in the circle. The sum of each row, across or down, should equal 34. The first word has been done for you.

vancteo ④ _centavo_	seops ◯ _____	aifl ◯ _____	acroder ◯ _____	34
acejra ◯ _____	atecus ◯ _____	llaitnevna ◯ _____	asopagm ◯ _____	34
unceta ◯ _____	ronpipa ◯ _____	tragsa ◯ _____	ledsaró ◯ _____	34
botarie ◯ _____	rhoarra ◯ _____	nesdoma ◯ _____	nobca ◯ _____	34
34	34	34	34	

1. el **banco**
2. la **cajera**
3. los **dólares**
4. el **centavo**

5. los **pesos**
6. las **monedas**
7. la **propina**
8. la **ventanilla**

9. hacer **fila**
10. **cuesta**
11. **gastar**
12. **ahorrar**

13. la **cuenta**
14. **pagamos**
15. **abierto**
16. **cerrado**

¡Aprende el vocabulario!

A. On vacation, the Morales family takes a vote to decide where to go each day. First, they must have a list of the nominations!

Primero, mira el dibujo. Luego, completa la oración con el nombre del lugar o de la cosa. Sigue el modelo.

M   Quiero ir

a la fuente.

_____

1.   Quiero ir

_____

_____

2.   Quiero ir

_____

_____

3.   Quiero ir

_____

_____

4.   Quiero ir

_____

_____

5.   Quiero ir

_____

_____

B. Sr. Morales looks at his schedule of events. He reads the possibilities aloud, and then the family votes. Where will they go?

Primero, lee las oraciones y contesta la pregunta.

1.   Nadie juega en el estadio hoy.
2.   El sábado es el día del mercado al aire libre. Hoy es viernes.
3.   En la plaza hay una fuente, un monumento y un museo.

¿Adónde vamos? _____

C. Celia's friends have many errands to run today. They are asking her advice.

Primero, lee la conversación. Luego, lee las listas y completa la conversación. Sigue el modelo.

M EDUARDO: Tengo que ir a una oficina. Tengo que recoger unos papeles importantes. ¿Adónde voy?

    CELIA: Tienes que ir ____**a la alcaldía.**_____

1. MARÍA: Mi mamá necesita arroz, carne, pan y tortillas. Yo tengo que comprar todo. ¿Adónde voy?

    CELIA: Tienes que ir _____

2. RUDY: Para la clase de ciencias, tengo que sacar fotos de tigres, osos y leones. ¿Dónde puedo sacar las fotos?

    CELIA: Tienes que ir _____

3. LUPE: Tengo que escribir unos párrafos sobre el arte antiguo. ¿Adónde voy para ver el arte antiguo?

    CELIA: Tienes que ir _____

4. DAVID: Tengo que ir a otra parte de la ciudad. No hay autobús. ¿Cómo voy?

    CELIA: Tienes que tomar _____

5. ESTELA: Tengo que hacer una visita a una escuela secundaria. ¿Adónde voy?

    CELIA: Tienes que ir _____

| al zoológico | √ a la alcaldía | al colegio |
| el metro | al supermercado | al museo |

¡Vamos a practicar!

A. Anselmo wants to be a detective someday. He is practicing his skills of observation. Help him out.

Primero, lee la oración y mira el dibujo. Luego, completa la oración. Sigue el modelo.

M Una esclultura ____**está**____

____**delante**____ del museo.

1. Un hombre y una mujer

_____

de la iglesia.

2. Un muchacho y una muchacha

_____

de la fuente.

3. Un pájaro _____
el monumento.

4. El museo _____
de la iglesia.

5. Dos hombres leen sus papeles.

Ellos _____
del monumento.

detrás	cerca	a la derecha	sobre
delante	lejos	a la izquierda	afuera

B. Clara is taking a survey of her friends to find out what they like to do. How do they answer her questions?

Primero, lee la pregunta y la respuesta. Luego, completa la respuesta. Sigue el modelo.

Modelo: Darío, ¿te gusta jugar?

Sí, me gusta jugar. __**Estoy jugando ahora mismo.**_____

1. Bárbara y Alicia, ¿les gusta comer?

Sí, nos gusta comer. _____

2. Señor Alcántara, ¿le gusta pintar?

Sí, me gusta pintar. _____

3. Jaime, ¿a tu hermana le gusta correr?

Sí, le gusta correr. _____

4. Rosita, ¿a tus hermanos les gusta trabajar?

Sí, les gusta trabajar. _____

C. What are you doing right now?

Lee y contesta la pregunta. Primero, lee el modelo.

Modelo: ¿Estás mirando la televisión? __No. Estoy estudiando._____

1. ¿Estás tomando una limonada? _____

2. ¿Estás abriendo la ventana? _____

3. ¿Estás haciendo planes con tus amigos? _____

4. ¿Estás jugando? _____

D. Interview five classmates. Do they feel the same in the afternoon as they do in the morning?

Primero, haz la pregunta **¿Cómo estás?** a cinco compañeros. Hazles la pregunta por la mañana y por la tarde. Luego, escribe las respuestas. Lee el modelo.

Por la mañana

M	**Rodrigo está cansado.**

1. _____

2. _____

3. _____

4. _____

5. _____

Por la tarde

M	**Rodrigo está contento.**

1. _____

2. _____

3. _____

4. _____

5. _____

¡Vamos a practicar!

A. Little Pepito is trying to find someone to play with him this afternoon, but he isn't having much luck.

Primero, lee la pregunta y la respuesta. Luego, escribe otra oración. Sigue los modelos.

M Mamá, ¿vas a leer la novela?

Sí, la voy a leer. __**Voy a leerla esta tarde.**__

M Amanda, ¿vas a hacer los pájaros de papel?

Sí, los voy a hacer. __**Voy a hacerlos esta tarde.**__

1. Consuelo, ¿vas a estudiar las matemáticas?

Sí, las voy a estudiar. _____

2. Humberto, ¿vas a lavar el coche?

Sí, lo voy a lavar. _____

3. Papá, ¿vas a limpiar los espejos?

Sí, los voy a limpiar. _____

4. Beatriz, ¿vas a comprar la comida para la cena?

Sí, la voy a comprar. _____

5. Abuelito, ¿vas a escribir muchas cartas?

Sí, las voy a escribir. _____

6. Tío Esteban, ¿vas a mirar el programa de televisión?

Sí, lo voy a mirar. _____

B. Every time Adriana tries to do something today, someone always asks her why she is doing it. How does she answer?

Primero, lee la pregunta. Luego, lee las palabras entre paréntesis y escribe la respuesta. Sigue los modelos.

M ¿Por qué vas a la biblioteca?

(dar unos libros / al bibliotecario)

Tengo que darle unos libros al bibliotecario.

M ¿Por qué quieres hablar con los maestros?

(hacer unas preguntas / a los maestros)

Tengo que hacerles unas preguntas a los maestros.

1. ¿Por qué vas a la enfermería?

(pedir ayuda / al enfermero)

_____

2. ¿Por qué quieres comprar papel bonito?

(escribir cartas / a mis primas)

_____

3. ¿Por qué vas a la cocina?

(preparar el almuerzo / para mis hermanos)

_____

4. ¿Por qué vas a la oficina de tu papá?

(traer sus botas / a mi papá)

_____

5. ¿Por qué vas al almacén?

(comprar un radio / a mi hermana)

_____

C. What are you going to do after school today?

Lee y contesta las preguntas. Primero, lee el modelo.

Modelo: ¿Vas a recoger tus cosas?

Sí, las voy a recoger. [Sí, voy a recogerlas.]

1.   ¿Vas a contestar las preguntas en español?

_____

2.   ¿Vas a mirar un programa de televisión?

_____

3.   ¿Vas a planchar tu ropa?

_____

4.   ¿Vas a leer tus libros de la biblioteca?

_____

D. What do you do in certain situations?

Lee y contesta las preguntas. Primero, lee el modelo.

M   No comprendes una pregunta en español. ¿Qué tienes que hacer?

Tengo que pedirle ayuda al maestro. [Tengo que hacerle una pregunta.]

1.   Estás de vacaciones. Tus amigos quieren recibir unas tarjetas postales. ¿Qué tienes que hacer?

_____

2.   La bibliotecaria necesita tus libros. ¿Qué tienes que hacer?

_____

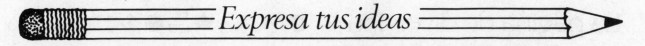
Expresa tus ideas

The Explorers' Club members are planning a trip to Ciudad Hermosa. Each member of the club is signing up for a task. What is their planning meeting like?

Primero, lee el calendario. Luego, escribe una conversación de cuatro preguntas y cuatro respuestas por lo menos.

lunes:	Hacer preguntas al agente de viajes – *Chris*
	Comprar un mapa de Ciudad Hermosa – *Rita*
martes:	Lavar las camisas del club – *Paco*
	Estudiar el mapa de la ciudad – *Rita*
miércoles:	Planchar las camisas del club – *Paco*
jueves:	Escribir una lista de actividades – *Rita*
	Hablar con el director del museo – *Srta. aventura*
viernes:	Comprar sándwiches en el supermercado – *José*
	Lavar el coche de la Srta. Aventura – *Berta y ana*
sábado:	Hacer el viaje a la ciudad – *Todos*

_____

_____

_____

_____

_____

_____

_____

_____

_____

_____

_____

La página de diversiones ●◇∎⦂⊙◆⠿●◇▪⠆◉◆⠫

Busca las diferencias

Ciudad Hermosa is a big city. It even has two big plazas—Plaza Central and Plaza Colón. How are the plazas different?

Mira los dibujos y escribe unas oraciones sobre las diferencias.

Plaza Central

Plaza Colón

_____

_____

_____

_____

_____

_____

¡Aprende el vocabulario!

A. Rogelio has lost Sultán, his dog. Some of Rogelio's friends have offered to help search for the dog. Rogelio has drawn a map for his friends to follow.

Primero, lee las oraciones y mira el mapa. Luego, completa las oraciones. Sigue el modelo.

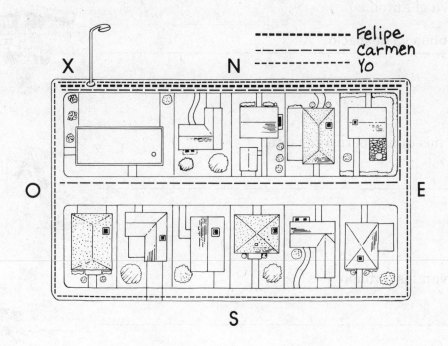

M Comenzamos en _____la esquina._____

1. Comenzamos cerca _____

2. Felipe va a caminar _____ al este.

3. Carmen va a caminar una cuadra _____ también.

   Luego, va a doblar a la derecha y caminar _____

   Por último, ella va a doblar a la derecha y caminar _____

4. Yo voy a caminar por toda _____

5. En quince minutos, volvemos a la X en _____

B. Teresa is taking her little sister for a walk. How does she answer her questions?

Primero, lee la pregunta. Luego, mira el dibujo. Por último,
contesta la pregunta. Sigue el modelo.

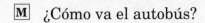 ¿Cómo va el autobús?

El autobús va despacio.

1. ¿Dónde nos queda el restaurante?

_____

2. ¿Cómo van los automóviles?

_____

3. ¿Dónde nos queda el cine?

_____

4. ¿Por dónde tenemos que caminar ahora?

_____

C. Ricardo has written some safety tips. Help him complete them.

Primero, lee las oraciones y las listas de palabras. Luego, completa las oraciones. (Hay más palabras que oraciones.) Sigue el modelo.

de peatones	√ el farol	te pierdes
muy despacio	una cuadra	la manzana
te encuentras	la esquina	muy rápido

M _____**El farol**_____ nos da la luz en la calle.

1. Si _____ y no sabes dónde estás, puedes pedirle ayuda a un policía.

2. Tienes que usar el paso _____ para cruzar la calle.

3. Tienes que mirar a la derecha y a la izquierda porque los coches van

   _____

4. Si _____ con un amigo en la ciudad, habla con él en la esquina, no en la calle.

5. De una esquina a otra esquina es _____

¡Alerta! ∿∿∿∿∿∿∿∿∿∿∿∿∿∿∿∿∿∿∿

How quickly can you complete these sentences? (Check your compass!)

1. Los Estados Unidos queda _____ del Canadá.

2. Portugal queda _____ de España.

3. México queda _____ de la América Central.

4. Puerto Rico queda _____ de Cuba.

¡Vamos a practicar!

A. Some people, like Lucía, are naturally bossy. When the teacher leaves the room, Lucía loves to take over.

Primero, lee la oración y la palabra entre paréntesis. Luego, completa la oración. Sigue el modelo.

Modelo: Manuel, ¡ ____**contesta**____ la pregunta!
          (contestar)

1. Estela, ¡ _____ el dibujo en la pared!
          (mirar)

2. Diego, ¡ _____ tu nombre en la pizarra!
          (escribir)

3. Francisco, ¡ _____ la primera oración!
          (leer)

4. Isabel, ¡ _____ al escritorio de la maestra!
          (caminar)

5. Gerardo, ¡ _____ los pupitres!
          (limpiar)

6. Beatriz, ¡ _____ a la puerta!
          (correr)

¡Alerta! ～～～～～～～～～～～～～～～～～～～～

¿Qué le dice el papá a su hija? Subraya la oración apropiada:

¡Corre a la cocina!

¡Come las legumbres!

¡Abre la puerta!

B. When Lucía gets home, her younger brothers and sisters get the benefit of her natural bossy talents!

Primero, lee la conversación. Luego, completa la oración de Lucía. Sigue el modelo.

M CARLOTA: ¡No me cepillo los dientes!

LUCÍA: Carlota, **¡cepíllate los dientes!** _____

1. DANIEL: ¡No me quito los zapatos!

LUCÍA: Daniel, _____

2. PABLO: ¡No me lavo las manos!

LUCÍA: Pablo, _____

3. GLORIA: ¡No me baño!

LUCÍA: Gloria, _____

4. INÉS: ¡No me lavo y no me seco la cara!

LUCÍA: Inés, _____

5. CARLOS: No me peino. ¡No me cepillo los dientes tampoco!

LUCÍA: Carlos, _____

¡Alerta! ⌇⌇⌇⌇⌇⌇⌇⌇⌇⌇⌇⌇⌇⌇⌇⌇⌇⌇⌇⌇⌇⌇⌇⌇⌇⌇⌇⌇⌇⌇⌇⌇⌇

If you were writing this advertisement, what command would you use?

_____

_____

C. Imagine that you write an advice column. You have received the following letters.
    What advice do you give the letter writers?

Primero, lee la carta. Luego, contesta la carta en tus palabras.

¡Hola!

    A mí me gusta el frío. A mi hermano le gusta el calor. Yo siempre abro la
ventana pero él la cierra. ¿Qué hago?　　　　　　　　　　　Alma Ventana

_____

_____

_____

¡Hola!

    Tengo que leer dos libros este fin de semana. No quiero leerlos. Quiero ir
al cine con mis amigos. También quiero ir al museo y jugar al fútbol. ¿Qué
hago?　　　　　　　　　　　　　　　　　　　　　　Pedro Juegamucho

_____

_____

_____

¡Hola!

    A mí me gusta llevar mi chaqueta favorita todo el tiempo. Siempre tengo
buena suerte cuando llevo mi chaqueta. Mi mamá me dice — ¡Quítate la
chaqueta en la casa! ¡Nosotros no vivimos en un estadio!
¿Qué hago?　　　　　　　　　　　　　　　　　　Juan Llévalo

_____

_____

_____

¡Vamos a practicar!

A. Víctor's dog ate the labels for his pictures. Víctor has written new ones, but he has only one minute until class starts. Help him match the labels to his pictures.

Primero, mira los dibujos y lee las oraciones. Luego, dibuja una línea del dibujo a la oración apropiada. Sigue el modelo.

Tengo mucho calor. Por favor, no cierres la ventana.

¡Qué horror! No pintes las sillas con Juan.

La puerta está cerrada. Por favor, ¡no abras la puerta!

No camines derecho. Dobla aquí.

B.　Sra. Fuentes is having a hard time teaching her students at the day care center. She needs your help.

Primero, lee las oraciones. Luego, completa la última oración. Sigue el modelo.

[M]　¡Ay, Paquito! No puedes hablar y comer a la misma vez.

　　¡No ____**hables**____ con un sándwich en la boca!　(hablar)

1.　¡Ay, Adriana! Tenemos que caminar despacio en el paso de peatones.

　　¡No _____ !　(correr)

2.　¡Ay, Luisito! Todos tenemos mucho frío.

　　Por favor, ¡no _____ la ventana!　(abrir)

3.　¡Ay, Carmencita! Puedes dibujar en el papel.

　　Por favor, ¡no _____ en la puerta!　(dibujar)

4.　¡Ay, Ramoncito! Tenemos que bajar las escaleras.

　　¡No _____ las escaleras!　(subir)

5.　¡Ay, Sofía! Hay una fuente de agua en el pasillo.

　　¡No _____ el agua de los peces!　(tomar)

6.　¡Ay, Carlitos! Tienes un bolígrafo nuevo.

　　¡No _____ con los dedos en el jugo de tomate!　(escribir)

C. Imagine that you just moved into a brand-new house with brand-new furnishings. While your parents are at the grocery store, all the neighborhood children come to visit! You must stop them from making a mess in the house.

Primero, lee las listas de palabras. Escoge una palabra o frase de cada lista. Luego, escribe una oración. Lee el modelo.

caminar	el perro	en la sala
escribir	el agua	de mis papás
tomar	la puerta	con tu perro
comer	la computadora	en los dormitorios
subir	en la alfombra	en la bañera
abrir	muy rápido	del fregadero
usar	las escaleras	al balcón
correr	la sandía	con las botas sucias
lavar	en las paredes	del despacho

M   **No tomes el agua del fregadero.**
_____

1. _____

2. _____

3. _____

4. _____

5. _____

6. _____

7. _____

8. _____

D. Design your own poster with a message.

Dibuja un cartel. Luego, escribe unas oraciones.

comer dulces	caminar en el techo
correr en el paso de peatones	bajar las escaleras muy rápido
correr en los pasillos de la escuela	comer durante las clases
hablar durante una película	gastar dinero
tomar café	caminar por las calles

¡Aprende más!

Synonyms are words that have similar meanings. **Antonyms** are words that have opposite meanings. Nouns, verbs, adjectives, and prepositions can have antonyms. You already know many **antónimos,** such as the following:

día—noche	subir—bajar	blanco—negro	adelante—atrás
menos—más	caminar—correr	grande—pequeño	cerca—lejos

In the lists below are words you know. For some, you already know the antonym. For others, you may have to find the antonym in a Spanish-English dictionary. The first one has been done for you.

Palabra	**Antónimo**	**Palabra**	**Antónimo**
1. ahorrar	gastar	9. oscuro	_____
2. rápido	_____	10. detrás de	_____
3. acostarse	_____	11. lavarse	_____
4. fuerte	_____	12. limpio	_____
5. debajo de	_____	13. con	_____
6. escribir	_____	14. hablar	_____
7. buscar	_____	15. izquierda	_____
8. generoso	_____	16. ponerse	_____

La página de diversiones ●◆⬝⬝ ⊙◆ ⬝⬝ ● ◆ ⬝⬝ ⊙ ◆ ⬝⬝

Un juego de modismos

How sharp are your detective skills? On this page there are five expressions and illustrations. First, read the sentences with the expressions. (The expressions, or **modismos,** are in heavy black type.) Then look at the pictures. When you think an expression matches a picture, write the number of the sentence in the blank to the right of the picture.

1. **A lo lejos,** podemos ver las montañas.

 _____

2. **¡Cuidado con** el tráfico!

 _____

3. Paula va a llegar **dentro de poco.**

 _____

4. Les **hace falta** la práctica.

 _____

5. **Tengo ganas** de comer un helado.

 _____

A. A day in the city with little Hortensia is always filled with questions. How do you answer her?

Primero, lee la pregunta. Luego, mira el dibujo y contesta la pregunta. Sigue el modelo.

M P: ¿Qué te da la cajera?

R: **Ella me da unas monedas.** _____

1. P: ¿Qué le dan los hombres al cajero?

R: _____

2. P: ¿Qué nos da primero el camarero?

R: _____

3. P: Después de comer, ¿qué le das al camarero?

R: _____

4. P: Antes de salir del restaurante, ¿qué nos da la camarera?

R: _____

B. Julio thinks he wants to meet the new girl in school, but he's shy!

Primero, lee la conversación. Luego, completa la conversación. Lee la primera respuesta de Julio.

FELIPE: ¿Conoces a Carla Enríquez?

JULIO: No, pero quiero _____**conocerla**_____ .

FELIPE: ¿Por qué no _____ pides ayuda con la lección de matemáticas?

JULIO: ¡Buena idea! ¡Voy a _____ ayuda! Pero soy muy tímido. Por favor, Felipe, habla con ella primero.

FELIPE: ¿Yo? Yo no puedo _____ . Yo no _____ conozco tampoco.

CARLA: ¡Hola, muchachos! El sábado es el día de mi cumpleaños. Quiero

_____ a mi fiesta.

JULIO: ¡Fantástico! ¿Tú _____ quieres invitar a nosotros?

CARLA: ¡Claro que sí! Todos mis amigos _____ van a dar

muchas cosas bonitas. A mí _____ gusta recibir cosas bonitas que cuestan mucho dinero. ¡Hasta luego!

JULIO: ¡Ay, Felipe! No tengo dinero. Ahora, no _____ quiero conocer.

C.   Imagine that you're entering a short-story contest sponsored by the Jardín
Zoológico. The winner gets to feed the lions for a week!

Primero, mira el dibujo. Luego, escribe por lo menos cinco oraciones
sobre el dibujo. Si necesitas ayuda, lee las preguntas.

_____

_____

_____

_____

_____

_____

¿Dónde están los tres amigos?	¿Cómo están Sara y Juan?
¿Están caminando o descansando?	¿Dónde está la fuente?
¿Cómo está Raúl? ¿Está nervioso?	¿Qué está mirando Raúl?

D. Have you ever wanted to tell someone to stop doing something that drives you crazy? Now is your chance.

Primero, lee la descripción de la persona. Luego, escribe una oración que quieres decirle a la persona. Lee el modelo.

M La película es interesante. Pero Dulcinea está comiendo muchos dulces. Ella quita los papeles de los dulces. ¿Qué quieres decirle a Dulcinea?

No comas los dulces, por favor. [¡No quites los papeles!]

1. Agustín tiene una canción favorita. La canta por la mañana, por la tarde y por la noche. La canta en el pasillo y en la biblioteca. ¿Qué quieres decirle a Agustín?

_____

2. Olga nunca estudia. Ella siempre te pide ayuda. Tú tienes que estudiar mucho, pero ella te habla todo el tiempo. ¿Qué quieres decirle a Olga?

_____

3. Mauricio nunca trae su almuerzo de la casa. Siempre come tus sándwiches y frutas. ¡Toma tu leche de chocolate, también! ¿Qué quieres decirle a Mauricio?

_____

Now, you describe a bothersome person and write a command you would like to give him or her.

Primero, describe a una persona. Luego, escribe una oración que quieres decirle a la persona.

_____

_____

_____

Quiero decirle: _____

¡Aprende el vocabulario!

A. Esteban is helping the Sánchez family with their garage sale. Whenever a customer is interested in something, Esteban asks Sra. Sánchez how much it costs.

Primero, mira el dibujo. Luego, completa la pregunta. Sigue el modelo.

  ¿Cuánto cuesta

el cinturón? _____

5.  ¿Cuánto cuestan

_____

1.  ¿Cuánto cuesta

6.  ¿Cuánto cuesta

_____

2.  ¿Cuánto cuestan

_____

7.  ¿Cuánto cuesta

_____

3.  ¿Cuánto cuesta

_____

8.  ¿Cuánto cuestan

_____

4. ¿Cuánto cuesta

_____

¡Alerta! ~~~~~~~~~~~~

Name four things that are made of

leather: _____

_____

B. Before her birthday, Susana likes to play detective. Her family is at the shopping mall, and she is busily checking their activities.

Primero, lee la pregunta. Luego, mira el dibujo y contesta la pregunta. Sigue el modelo.

M ¿Dónde están papá y mamá?

  Están en la joyería.
_____

1. ¿Con quién habla mamá?

_____

2. ¿Dónde están mis hermanos?

_____

3. ¿Qué mira mi hermana?

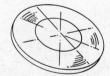

_____

4. ¿Dónde está mi hermano Jorge?

_____

¡Ay! ¡No quiero zapatos!

C. Humberto does not like to go shopping. He prefers to read the advertisements and check the prices before he sets foot in a store. He would like your opinion on several items.

Primero, lee la oración. Luego, escribe dos oraciones. Sigue los modelos.

M El casete de mis canciones favoritas cuesta cinco dólares.

¡Compra el casete! Es barato.
_____

M Un par de zapatos blancos cuesta cincuenta dólares.

¡No compres los zapatos! Son caros.
_____

1. Una bolsa grande cuesta treinta y cinco dólares.

_____

2. Un collar de joyas cuesta cien dólares.

_____

3. Un par de sandalias cuesta ocho dólares.

_____

4. Un brazalete de plástico cuesta tres dólares.

_____

5. Un disco de canciones mexicanas cuesta seis dólares.

_____

6. Un cinturón negro cuesta once dólares.

_____

Nombre _____

¡Vamos a practicar!

A. Gilberto missed his cousin's party yesterday. He wants to know what everyone did at the party.

Primero, lee la pregunta y mira el dibujo. Luego, contesta la pregunta. Sigue el modelo.

M P: Enrique, ¿bailaste ayer?

R: **No, no bailé. Ayer canté.**

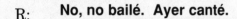

1. P: Enrique, ¿cantaron mis primas ayer?

R: _____

2. P: Tío Alberto, ¿nadaron José y Javier?

R: _____

3. P: Tío Alberto, ¿nadaron tío Alfredo y tú?

R: _____

4. P: Enrique, ¿patinaron Marcos y Tonio?

R: _____

B. Between Saturday afternoon and Monday morning, someone painted a picture of the principal on the school wall. Don Rubén, the security guard, is questioning the suspects. Will he catch the culprits?

Primero, completa la pregunta con la forma apropiada de **pintar.** Luego, lee las palabras entre paréntesis y contesta la pregunta. Sigue el modelo.

M ¡Mercedes! ¿ _____Pintaste_____ la pared ayer?

(visitar / primos) _____No. Ayer visité a mis primos._____

1. ¡Ángel y Andrés! ¿ _____ la pared ayer?

(comprar / casetes) _____

2. ¡Tania! ¿ _____ la pared ayer?

(lavar y planchar / ropa) _____

3. ¡Darío! ¿Gustavo y tú _____ la pared ayer?

(caminar / plaza) _____

4. ¡Patricia! ¿ _____ la pared ayer?

(mirar / televisión) _____

5. ¡Saúl! ¿Tu amiga Nora _____ la pared ayer?

(montar / caballo) _____

6. ¡Eva! ¿Lionel y tú _____ la pared ayer?

(pintar / pared) _____

C. Elisa lost her purse last Wednesday. Now she is trying to retrace her steps.

Primero, lee las oraciones. Luego, completa las oraciones. Escribe la forma apropiada de la palabra entre paréntesis. Sigue el modelo.

M El miércoles pasado _____**caminé**_____ a la casa de Consuelo.
(caminar)

1. Luego, ella y yo _____ a la joyería.
(caminar)

2. Yo _____ un collar y ella _____ un
(comprar)   (comprar)

llavero.

3. Ella me _____ al cine.
(invitar)

4. Yo _____ dulces y nosotras _____ la película.
(comprar)   (mirar)

5. Después de la película, ella _____ a su casa y yo
(caminar)

_____ el autobús a la biblioteca.
(tomar)

6. Yo _____ dos horas en la biblioteca.
(pasar)

7. _____ un poco y también _____ con
(estudiar)   (hablar)

Eduardo.

8. Eduardo y yo _____ limonadas en un restaurante.
(tomar)

¡Él es tan simpático e interesante!

¡Vamos a practicar!

A. Sr. Candelas always interrogates his family after they have gone shopping. His motto is "A penny saved is a penny earned."

Primero, lee la conversación. Luego, completa la conversación con las formas apropiadas de **pagar**. Sigue el modelo.

M RUDY: ¡Mira, papá! ¡Mamá me compró zapatos y un cinturón!

PAPÁ: ¿Cuánto _____**pagó**_____ ella?

RUDY: _____**Pagó**_____ treinta y cinco dólares.

1. ELSA: ¡Mira, papá! Compré un disco de Los Roleros.

PAPÁ: ¿Cuánto _____ ?

ELSA: _____ once dólares.

2. SAÚL: ¡Mira, papá! Ana y yo le compramos un collar a mamá.

PAPÁ: ¿Cuánto _____ ustedes?

SAÚL: _____ veinte y dos dólares.

3. RITA: ¡Mira, papá! Compré una bolsa y unas sandalias.

PAPÁ: ¿Cuánto _____ ?

RITA: _____ veinte y siete dólares.

4. HUGO: ¡Mira, papá! Mamá te compró un regalo.

PAPÁ: ¿Cuánto _____ ella?

HUGO: ¡ _____ miles de dólares!

PAPÁ: ¡Caramba!

HUGO: ¡Mentiras! No te voy a decir el precio.

B. Jeremías and his friends went on a field trip yesterday. Unfortunately, as they talk about their trip, you can only hear their answers. What are the questions?

Primero, lee las respuestas. Luego, escribe las preguntas apropiadas para las respuestas. Sigue el modelo.

M P: ___¿A qué hora llegaron al museo?___

R: Llegamos al museo a las diez de la mañana.

1. P: _____

R: Sí, saqué muchas fotos.

2. P: _____

R: No, Elena y Bernardo no sacaron fotos.

3. P: _____

R: Elena y Bernardo jugaron a los juegos electrónicos.

4. P: _____

R: Almorzamos en el comedor del museo.

5. P: _____

R: Cerraron el museo a las cinco.

¡Alerta! ～～～～～～～～～～～～～～～～～～～～

How well do you remember what you did yesterday?

1. ¿Jugaste a un deporte? _____

2. ¿A qué hora almorzaste? _____

3. ¿A qué hora te despertaste? _____

4. ¿A qué hora te acostaste? _____

C. Choose a day in the recent past and describe your activities. If you need help, read
   and answer the questions.

   Escribe por lo menos seis oraciones sobre un día en el pasado. Si
   necesitas ayuda, lee y contesta las preguntas.

   _____

   ¿Te despertaste temprano o tarde?

   ¿Llegaste a tiempo a la escuela?

   ¿Con quién almorzaste?

   ¿Qué pensaste hacer?

   ¿Compraste algo? ¿Cuánto pagaste?

   ¿Jugaste con tus amigos o tus amigas?

   ¿Sacaste la basura de la casa?

   ¿A qué hora te acostaste?

   _____

   _____
                (título)

   _____

   _____

   _____

   _____

   _____

   _____

   _____

   _____

Nombre _____

Vamos a leer

Sometimes you can tell by an advertisement if a store's merchandise is of good or poor quality. Examine the following advertisements. In which store would you expect to find items of quality? In which store would you expect to find items of average or poor quality? What clues did you use from the advertisements themselves to reach your conclusions?

_____

_____

_____

_____

_____

Expresa tus ideas

Señorita Aventura's birthday is tomorrow. The Explorers' Club members are meeting at Rita's house to show off the gifts they bought. What is their conversation like?

Mira el dibujo y escribe una conversación entre los muchachos.

_____

_____

_____

_____

_____

_____

_____

_____

_____

Nombre _____

La página de diversiones ●◆▪▪◉◆▫▫●◆▪▪◉◆▫▫

¿Quién tiene la culpa?

Someone broke a window in the school yesterday. Sra. Estricta, the school principal, says that she heard the window break at 4:00. When she looked out the window, she didn't see anyone.

   Look at the pictures and write what the suspects say they are doing. Then write the name of the person you think broke the window.

Julia: __**Yo colgué la**__

__**ropa en mi ropero.**__

Hugo: _____

_____

Diego: _____

_____

Carmen: _____

_____

Delia: _____

_____

Ricardo: _____

_____

¿Quién tiene la culpa? _____

_____

¡Aprende el vocabulario!

A. Carlos and Catalina live in a desert area. When their aunt invited them to visit her on the Pacific coast, they were excited. How did she answer their many questions?

Primero, lee la pregunta. Luego, mira el dibujo y escribe la respuesta. Sigue el modelo.

M ¿Qué necesitamos para ir a la playa?

Necesitan una sombrilla.

1. ¿Qué necesitamos traer a la playa?

_____

2. ¿Qué podemos hacer en el océano?

_____

3. ¿Qué podemos hacer en la playa?

_____

4. ¿Qué vamos a ver en la playa?

_____

B. Catalina is writing a letter to her friend Marta about her first trip to the ocean. Help her finish the letter.

Primero, lee la carta. Luego, completa las oraciones con palabras de las listas. (Hay más palabras que oraciones.) Lee la primera oración.

_____

una toalla	el salvavidas	√ la playa	la crema de broncear
bronceada	tomé el sol	flotando	la arena
barco de vela	acuático	quemado	una concha

_____

¡Hola, Marta!

¡Me encanta ir a _____**la playa**_____! Estoy muy

_____ porque ayer _____ .

Usé _____ . Carlos no la usó. Hoy le duele

mucho la espalda porque está muy _____ .

Cuando hace viento, me encanta pasear en

_____ . También me encanta hacer castillos

de _____ . Hoy Carlos pasó una hora

_____ sobre las olas. Yo te voy a dar

_____ . Encontré una muy bonita en la playa.

¡Nos vemos pronto!

Catalina

¡Vamos a practicar! ███████████████

A. Vicente is making a study of how much time it takes to get from one place to another. (He is trying to convince his parents that he needs a bicycle!)

Primero, lee las oraciones. Luego, completa las oraciones con la forma apropiada de **salir**. Sigue el modelo.

Ⓜ Ayer _____**salí**_____ de la casa a las ocho y llegué a la escuela a las ocho y media.

1. Ayer Rosita _____ de su casa a las ocho y llegó a la escuela a las ocho y cuarto. (¡Ella tiene una bicicleta vieja!)

2. Ayer Adán y Pepe _____ de su casa a las ocho y llegaron a la escuela a las ocho y siete. (Ellos tienen bicicletas nuevas.)

3. Por la tarde, yo _____ de la escuela a las tres y media. Llegué al supermercado a las cuatro menos quince.

4. Compré helado para la cena y _____ del supermercado. ¡Llegué a la casa con helado caliente!

5. Donaldo también compró helado y _____ del supermercado en su bicicleta. Él llegó a su casa con helado frío.

6. Ayer también Luis y yo _____ de la casa y caminamos al cine. Llegamos muy tarde para ver la película.

B. Manuela is a hall monitor who takes her job very seriously. Of course, her classmates are very clever about avoiding her in the hallways.

Primero, lee la frase entre paréntesis. Luego, escribe una pregunta. Por último, escribe la respuesta. Sigue el modelo.

M (David / volver tarde del comedor)

P: **David, ¿volviste tarde del comedor?**

R: **No, no volví tarde del comedor.**

1. (Eugenia / correr por el pasillo)

_____

_____

2. (Ricardo y Samuel / salir temprano de la escuela)

_____

_____

3. (Adriana y Berta / correr a la biblioteca)

_____

_____

4. (Alejandro y Julián / volver tarde del gimnasio)

_____

_____

5. (Julieta / volver tarde al salón de clase)

_____

_____

C. What did you and your friends do last week?

Lee y contesta las preguntas con **sí** o **no**. Escribe una **X** sobre el dibujo apropiado. Sigue el modelo.

M ¿Escribiste una carta la semana pasada?

No, no escribí una carta la semana pasada.
_____

1. ¿Tus amigos y tú comieron helados la semana pasada?

_____

2. ¿Aprendiste a bucear?

_____

3. ¿Recibiste un regalo la semana pasada?

_____

4. ¿Barriste el piso con una escoba?

_____

5. ¿Tus amigos y tú volvieron a tu casa después de clase?

_____

6. ¿Tus amigos y tú se perdieron la semana pasada?

_____

D. What did you and members of your family do one day last weekend?

Primero, escribe tres oraciones sobre sus actividades por la mañana. Luego, escribe tres oraciones sobre sus actividades por la tarde. Lee las palabras en las listas.

abrir	correr	escribir	doler	aprender
barrer	recibir	volver	salir	beber

Por la mañana

1. _____

_____

2. _____

_____

3. _____

_____

Por la tarde

4. _____

_____

5. _____

_____

6. _____

_____

¡Vamos a practicar!

A. Dolores is enjoying a day at the beach. She needs your help to describe the people and things she sees.

Primero, mira el dibujo y lee la oración. Luego, completa la oración con **este, ese, aquel, esta, esa** o **aquella**. Sigue el modelo.

M

_____**Esta**_____ chica se llama Iris.

3.

_____ chico se llama Raúl.

6.

_____ sombrilla es de mi amiga.

1.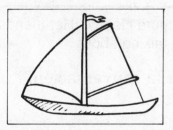

_____ barco de vela está cerca.

4.

_____ chica está muy lejos.

7.

_____ chica está flotando.

2.

_____ lancha es moderna.

5.

_____ concha es bonita.

8.

_____ chico se llama Víctor.

B. Natán is showing his friends the things he bought for himself and his family.

Primero, lee la oración y las palabras entre paréntesis. Luego, completa la oración con **estos, esos, aquellos, estas, esas** o **aquellas**. Sigue los modelos.

M Compré todos _____**estos**_____ regalos. (Están muy cerca.)

M Compré _____**aquellos**_____ anteojos. (Están muy lejos.)

1. Compré _____ camisetas para Adán. (Están muy cerca.)

2. Compré _____ libros de México. (No están muy cerca.)

3. Compré _____ novelas para mamá. (Están muy lejos.)

4. Compré _____ zapatos azules. (Están muy lejos.)

5. Compré _____ bolsas para mis tías. (No están muy cerca.)

6. Compré _____ discos nuevos. (Están muy cerca.)

C. Inés is farsighted. She can see things that are far away more clearly. Her friends have learned to ask questions and explain what they are talking about.

Primero, lee la conversación. Luego, completa la conversación. Sigue el modelo.

M INÉS: ¡Mira la lancha!

RUDY: ¿_____**Esta**_____ lancha que está cerca de nosotros?

INÉS: No, _____**aquella**_____ lancha que está muy lejos.

1. SARA: ¡Mira los caracoles!

INÉS: ¿_____ caracoles que están lejos?

SARA: No, _____ caracoles que están más cerca.

2. HUGO: ¡Mira las olas!

INÉS: ¿_____ olas que están muy lejos?

HUGO: No, _____ olas que están más cerca.

3. ANA: ¡Mira al muchacho!

INÉS: ¿_____ muchacho que está muy lejos?

ANA: No, _____ muchacho que está muy cerca.

¡Vamos a practicar! ███████████████

A. Amalia is being interviewed for the school newspaper. She is so shy that she doesn't speak up. Help her answer the questions.

Primero, lee la pregunta. Luego, lee la frase entre paréntesis y completa la respuesta. Sigue el modelo.

M ¿Para quién pintaste el cuadro de una lancha?

(mi papá)   Lo pinté ___**para mi papá.**_____

1. ¿Para qué sirven esos papeles blancos grandes?

(hacer carteles)   Sirven _____

2. ¿Para cuándo tienes que completar aquel cartel?

(el sábado)   Tengo que completarlo _____

3. ¿Para quiénes pintas tus cuadros y carteles?

(mis amigos y mi familia)   Los pinto _____

4. ¿Para qué sirven aquellos lápices?

(dibujar)   Los lápices sirven _____

5. ¿Para quién dibujaste el barco de vela?

(mi maestro de historia)   Lo dibujé _____

6. ¿Para qué escribiste ¡PELIGRO! en este cartel?

(ponerlo en la playa)   Lo escribí _____

7. ¿Para quién es el cartel?

(las personas que quieren nadar)   Es _____

8. ¿Para cuándo necesitas el cartel?

(este fin de semana)   Lo necesito _____

B. Sr. Amado loves to give surprise quizzes. How well will you do on this one?

Lee y contesta las preguntas. Usa las frases de las listas.
(¡Cuidado! Hay más frases que respuestas.) Sigue el modelo.

aprender a bucear	mirar programas de televisión
escribir mis tareas	tomar el sol
quitar el polvo	aprender el español
comprar muchas cosas	cocinar la comida

Modelo: ¿Para qué usas un televisor?

Lo uso para mirar programas de televisión.

1. ¿Para qué usas el dinero?

    _____

2. ¿Para qué estudias *¡Nos comunicamos!*?

    _____

3. ¿Para qué usas un trapo?

    _____

4. ¿Para qué usas un horno de microondas?

    _____

5. ¿Para qué usas una toalla en la playa?

    _____

6. ¿Para qué usas una computadora?

    _____

¡Aprende más!

You have learned to recognize cognates and to guess the meanings of words from context. Now it is time to practice. Read the following article from a book titled *¡Empecemos a charlar!* Underline the words you can guess because they are cognates, and circle the words you can guess from context. Finally, make a check mark above the words you look up in a Spanish–English dictionary. When you finish reading, count the number of words in each group. You may be surprised to find that you do not have to look up very many words!

El buceo

Puerto Rico es un lugar ideal para practicar los deportes acuáticos. Como está entre el Atlántico y el Caribe, Puerto Rico tiene muchísimas playas . . . y dos mares por donde se puede pescar y navegar. Además, las aguas cristalinas del Caribe son ideales para el buceo. Puedes observar así una gran variedad de vida submarina y, si llevas tu máquina especial, puedes sacar fotos interesantísimas del coral y de los peces multicolores.

Los puertorriqueños y los miles de turistas que visitan la isla pueden disfrutar de largos paseos por las playas, el esquí acuático, la pesca, la navegación en barco y el buceo. Como el clima de Puerto Rico es tropical — la temperatura media es de 75°F (24°C) — se puede practicar estos deportes todo el año. Se practican además muchos otros deportes en el país. El golf y el tenis son muy populares, así como lo es el béisbol. Hay muchos sitios donde puedes montar a caballo, ¡incluso puedes montar por la playa!

La página de diversiones

Busca las palabras

Read each sentence. Look in the puzzle for the words in heavy **black** letters. Each word may appear across, down, or diagonally in the puzzle. When you find a word, circle it. One has been done for you. The letters that are not circled form two secret words. Write the words in the sentence below the puzzle.

1. **Aquel** letrero dice ¡Se **prohibe** nadar!

2. Pongo mi toalla sobre la **arena para tomar** el **sol**.

3. A veces hay **peligro** si vas a **bucear** en el mar.

4. **Esa** chica **quemada** navega en el **barco** de **vela**.

5. Primero **salí** del agua, y luego **comí** un helado.

6. ¿Te gusta el **esquí** acuático?

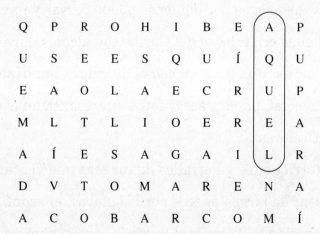

```
Q  P  R  O  H  I  B  E  A  P
U  S  E  E  S  Q  U  Í  Q  U
E  A  O  L  A  E  C  R  U  P
M  L  T  L  I  O  E  R  E  A
A  Í  E  S  A  G  A  I  L  R
D  V  T  O  M  A  R  E  N  A
A  C  O  B  A  R  C  O  M  Í
```

A muchos turistas les encanta _____ .

¡Aprende el vocabulario!

A. Tomás made a poster of things he saw on his vacation. Help him connect the captions to the pictures.

Primero, lee la lista de palabras. Luego, dibuja una línea de las palabras al dibujo apropiado.

la selva tropical

el toro

la merienda

el sendero

el salto de agua

la granja

el caimán

el puma

el cerdo

la gallina

B. All people do not love everything connected with hiking and nature. Are there some things you like and others you dislike?

Primero, mira el dibujo. Luego, escribe una oración con **gustar**. Sigue el modelo.

Ⓜ  No me gustan

las hormigas.

5.  _____

1. _____

6.  _____

2. _____

7.  _____

3.  _____

8.  _____

4.  _____

9. ¿Qué te gusta mucho?

_____

C. Imagine that you are going to interview the three girls in the picture. What questions will you ask them?

Primero, examina el dibujo. Luego, escribe seis preguntas. Lee unos modelos.

    Modelos: ¿Les gusta el campo?

                  ¿Les gustan las meriendas?

                  ¿Con qué abriste la comida enlatada?

                  ¿Comieron ustedes unas hormigas en los sándwiches?

                  ¿Por qué no almorzaron debajo de aquellos árboles?

1. _____

2. _____

3. _____

4. _____

5. _____

6. _____

Nombre _____

¡Vamos a practicar! ███████████████████████

A. Who went to Graciela's party last Saturday? What presents did they give her?

Primero, lee la oración. Luego, completa la oración con las formas apropiadas de **ir** y **dar**.   Sigue el modelo.

M Raquel y Julio _____**fueron**_____ a la fiesta y le _____**dieron**_____ un casete.

1. Tú _____ a la fiesta y le _____ una mochila.

2. Teresa _____ a la fiesta y le _____ cinco pollitos.

3. Gabriel y Edmundo _____ a la fiesta y le _____ unos brazaletes.

4. Andrea y yo _____ a la fiesta y le _____ un cartel.

5. Los primos de Graciela _____ a la fiesta y le _____ un disco compacto.

6. Ezequiel _____ a la fiesta y, ¡le _____ un besito! ¡Qué muchacho!

B. Imagine that you and your friends and classmates starred in a science-fiction movie. You all had parts to play—either human or animal.

Primero, lee las palabras. Luego, escribe una oración con **ser**. Lee el modelo.

Modelo: el toro **Miguel y Natán fueron el toro.** _____

1. la piloto _____

2. el dueño de una granja _____

3. la serpiente _____

4. el aeromozo tímido _____

5. la vaca grande _____

6. los turistas cómicos _____

7. la médica _____

8. el puma _____

9. el caimán que tiene hambre _____

10. el presidente de la línea aérea _____

C. Have you gone to a party or visited friends or relatives lately? Write a paragraph about your experience.

Escribe un párrafo de seis oraciones por lo menos. Usa las formas apropiadas de **dar, ser** e **ir.** (Si necesitas ayuda, lee las preguntas.)

¿Adónde fuiste? ¿Fuiste con tu familia o con amigos?

¿Cuándo fuiste?

¿Fuiste un invitado o fuiste el dueño o la dueña de la casa?

¿Le diste un regalo a alguien?

¿Le dieron regalos las otras personas?

¿Qué le dieron?

_____

_____

_____

_____

_____

_____

¡Alerta! ~~~~~~~~~~~~~~~~~~~~~~~~~~~~~~~~

How quickly can you think of punch lines for these jokes?

¿Qué le dio el caimán al turista?   _____

¿Qué le dio el turista al caimán?   _____

¡Vamos a practicar!

A. When did you do certain activities yesterday—in the morning, in the afternoon, or at night?

Primero, lee la pregunta. Luego, dibuja un círculo alrededor del dibujo apropiado. Por último, escribe la respuesta. Sigue el modelo.

M ¿Cuándo te despertaste?

Me desperté por la mañana. _____

1. ¿Cuándo fuiste a la clase de español?

_____

2. ¿Cuándo miraste la televisión?

_____

3. ¿Cuándo llegaste a la escuela?

_____

4. ¿Cuándo volviste a tu casa o tu apartamento?

_____

5. ¿Cuándo te acostaste?

_____

6. ¿Cuándo te cepillaste los dientes?

_____

B. Samuel loves to make sketches. While he was at the flea market, he wrote and
   sketched some rebus sentences.

   Primero, lee la oración y mira los dibujos. Luego, escribe la oración.
   Sigue el modelo.

M   Rita me dio

Rita me dio un brazalete por un casete.
_____

1. Jorge me dio   —
_____

2. La Sra. Ruiz me dio      —
_____

3. Aurora me dio   —
_____

4. Fabián me dio      —
_____

Expresa tus ideas

The members of the Explorers' Club are in the heart of the rain forest. Are they brave, hardy explorers?

Mira el dibujo y escribe por lo menos ocho oraciones.

_____

_____

_____

_____

_____

_____

_____

_____

_____

_____

_____

_____

_____

La página de diversiones ●◈∎⦂⊙◆⧉●◇⁑⦿◆⬚

¿Una granja o una selva?

Where is the speaker of each sentence? On the farm or in the rain forest?

Lee cada oración y escribe **una granja** o **una selva.**

1. Las gallinas y los pollitos corren por todas partes. _____

2. Hay árboles muy altos y una serpiente muy larga. _____

3. Di comida a los cerdos. _____

4. Caminé por un sendero y pasé por un salto de agua. _____

5. Los becerros corrieron en el campo. _____

6. ¿Fuiste a buscar los huevos? _____

7. Un puma me dio miedo. _____

8. El caimán nadó en el río oscuro. _____

9. Hace mucho calor. A los loros, las mariposas y los
   tigres les gusta vivir aquí. _____

10. El gallo me despertó muy temprano por la mañana. _____

A. Norma and her friend David are practicing a skit for the talent show. They often forget their lines. Help them out.

Lee y completa la conversación. Escribe las formas apropiadas de las palabras en las listas.

ayudar	comprar	doler	salir
caminar	dar	ir	volver

NORMA: ¿Adónde _____**fuiste**_____ ayer, David?

DAVID: _____ a la zapatería para comprar zapatos.

NORMA: ¿Los _____ ?

DAVID: No. _____ a mi casa. Mi mamá no me

_____ el dinero para comprarlos.

NORMA: ¿ _____ a la zapatería otra vez?

DAVID: Sí, _____ las tres millas de la tienda a mi casa y

las tres millas de mi casa a la tienda. ¡Seis millas! . . . y el

zapatero no me _____ .

NORMA: ¿Por qué no?

DAVID: ¡Porque me _____ mucho los pies!

_____ de la zapatería con mis zapatos viejos en la

mano y mis calcetines en los pies!

B. Interview your classmates about parties they have attended recently. Record your findings on the chart in note form, and then write a sentence or two about each classmate you interviewed.

Escoge a tres compañeros de clase. Hazles preguntas y saca apuntes. Luego, escribe unas oraciones sobre cada compañero. Lee el modelo.

	Nombre	¿Cuándo fue a la fiesta?	¿A qué hora llegó?	¿A qué hora salió?
M	Elsa	el 15 de marzo	4 pm	6:30 pm
1.				
2.				
3.				

M   **Elsa fue a una fiesta el 15 de marzo. Llegó a las cuatro de la tarde y salió a las**

     seis y media.

1. _____

_____

2. _____

_____

3. _____

_____

C. Hortensia has a problem. She has too many projects and too little time! She wrote a letter to the advice columnists Sr. Habla and Sra. Escucha.

Primero, lee la carta. Luego, completa las oraciones con **por** o **para.**

Muy estimados Sr. Habla y Sra. Escucha:

Tengo un problema muy serio. Tengo que leer una novela

_____ el lunes. Leo el libro _____ horas y horas. Tengo

que dar un reporte sobre el libro el lunes _____ la mañana.

También tengo que dibujar un mapa _____ la clase de

geografía. ¡No tengo lápices! Los di a mi amigo _____ dos

cuadernos. Ahora no tengo tiempo _____ ir a la tienda a

comprar más lápices.

¿Qué puedo hacer?

Atentamente,

Hortensia

¡Alerta! ∿∿∿∿∿∿∿∿∿∿∿∿∿∿∿∿∿∿∿

What excuses can Hortensia give for not finishing her projects? Unscramble the words and find out!

1. ¡anu   etneipres   óimoc   le   apam!

_____

2. ¡sol   sonmula   ed   orto   oigeloc   noracas   sadot   sal   salevon   ed
   al   acetoilbib!

_____

D. Imagine that you spent an entire day with your favorite performer or athlete. What did you do? Either draw or paste his or her picture in the frame.

Lee y contesta las preguntas en tus palabras.

1. ¿Cómo se llama? _____

2. ¿Le sacaste fotos? _____

3. ¿Dónde almorzaron? _____

4. ¿Quién pagó la cuenta? _____

5. ¿Adónde fueron? _____

6. ¿La persona te dio un regalo? _____

7. ¿Qué te dio? _____

8. ¿Jugaste a un juego o a un deporte con la persona? _____

   _____

9. ¿A qué jugaron? _____

10. ¿Cuándo volviste a tu casa o tu apartamento? _____

   _____

Nombre _____

¡Aprende el vocabulario!

A. Oswaldo and Patricia are undecided about what they want to see this weekend. There are too many sporting events taking place at the same time!

Primero, lee la pregunta. Luego, mira el dibujo y completa la pregunta. Sigue el modelo.

M

¿Quieres ver

la lucha libre?

_____

5.

¿Quieres ver

_____

_____

1.

¿Quieres ver

_____

_____

6.

¿Quieres ver

_____

_____

2.

¿Quieres ver

_____

_____

7.

¿Quieres ver

_____

_____

3.

¿Quieres ver

_____

_____

8.

¿Quieres ver

_____

_____

4.

¿Quieres ver

_____

_____

¡Alerta! ~~~~~~~~~~~~~~~

Which event do you choose?

_____

B. What do you prefer?

Lee y contesta las preguntas. Sigue el modelo.

M   ¿Prefieres recibir un trofeo o una medalla?

Prefiero recibir un trofeo. [Prefiero recibir una medalla.]

1. ¿Prefieres participar en el boliche o mirar la gimnasia?

    _____

2. ¿Prefieres ver el boxeo o la lucha libre?

    _____

3. ¿Prefieres ganar o perder?

    _____

4. ¿Prefieres ser espectador o campeón?

    _____

5. ¿Prefieres correr o ir en bicicleta?

    _____

6. ¿Prefieres una medalla de bronce o una medalla de plata?

    _____

7. ¿Prefieres gritar o participar en los deportes?

    _____

8. ¿Prefieres los gimnasios, las montañas o las pistas?

    _____

C. Play "Name That Person, Place, or Thing!"

Primero, lee las descripciones. Luego, escribe el nombre
apropiado para cada descripción. Sigue el modelo.

M Esta persona gana más veces que las otras personas.   <u>**el campeón**</u>

1. Esta persona sube las montañas.   _____

2. Se necesita mucha agua para este deporte.   _____

3. Esta persona va muy rápido en bicicleta.   _____

4. El ganador la lleva alrededor del cuello.   _____

5. Está fuera del gimnasio. Las personas corren
sobre esto.   _____

6. Estas personas miran los partidos.   _____

D. Have you ever won or lost at a sport that was important to you?

Lee y contesta las preguntas en tus palabras.

1. ¿Es importante ganar todos los juegos o deportes?

_____

2. Si ganas, ¿cómo estás? ¿Estás contento? ¿Eres popular?

_____

3. Si pierdes, ¿cómo estás? ¿Estás enojado? ¿Estás triste?

_____

4. ¿Tienes una medalla o un trofeo? ¿Quieres tener una medalla o un trofeo?

_____

¡Vamos a practicar!

A. Emilio is writing sentences about his friends' athletic abilities. Who is better and who is worse at different sports and games?

Primero, lee las oraciones. Luego, escribe una oración con **mejor que** y una oración con **peor que.** Sigue el modelo.

M   Estela ganó tres veces en dominó. Juan ganó una vez.

(mejor que) **Estela es mejor que Juan.**

(peor que)   **Juan es peor que Estela**

1. Jorge recibió una medalla de bronce. Diego recibió una medalla de oro.

(mejor que) _____

(peor que)   _____

2. Isabel no salta muy bien. Rosalinda siempre salta muy bien.

(mejor que) _____

(peor que)   _____

3. Josué y Beatriz corrieron a la escuela. Josué llegó primero.

(mejor que) _____

(peor que)   _____

4. María nadó dos millas en una hora. Susana nadó una milla en una hora.

(mejor que) _____

(peor que)   _____

B. Citywide sports events were held at the community college. The scoreboards recorded the victories and defeats for all the participants.

Primero, examina el dibujo. Luego, escribe una oración con **el mejor** o **la mejor.** Por último, escribe una oración con **el peor** o **la peor.** Sigue el modelo.

M

GIMNASIA 10 = PERFECTO	
GÓMEZ, DAVID	9.75
LÓPEZ, PEDRO	7.60
MARTÍNEZ, HUGO	3.00
SUÁREZ, RAÚL	9.45

David Gómez es el mejor.
_____

Hugo Martínez es el peor.
_____

1.

CARRERA: UNA MILLA		
ARANGO, ALICIA	9.0	MINUTOS
BERMÚDEZ, CARLA	8.7	MINUTOS
CASTILLO, LUPITA	10.5	MINUTOS
DOMÍNGUEZ, MARTA	7.9	MINUTOS

_____

_____

2.

SALTO DE ALTURA		
HERNÁNDEZ, VÍCTOR	2.2	METROS
ORTEGA, BERNARDO	2.5	METROS
DE VEGA, PEPE	2.4	METROS
ZULUAGA, GREGORIO	1.9	METROS

_____

_____

¡Vamos a practicar!

A. Gladys is taking a survey of her friends to find out what they think of different sports and activities. How do they respond?

Primero, lee la pregunta. Luego, lee la palabra entre paréntesis y escribe la respuesta. Usa **-ísimo, -ísimos, -ísima** o **-ísimas** en las respuestas. Sigue el modelo.

M   Juan, ¿te gusta el béisbol?

(interesante)   _¡Sí! ¡Es interesantísimo!_

1. Raquel, ¿te gusta el fútbol americano?

   (aburrido) _____

2. Guillermo, ¿te gusta el alpinismo?

   (difícil) _____

3. Humberto, ¿te gusta la natación?

   (importante) _____

4. Lucía, ¿te gustan las carreras?

   (rápido) _____

5. Olga, ¿te gustan los juegos electrónicos?

   (fácil) _____

6. Edilberto, ¿te gusta el esquí acuático?

   (peligroso) _____

¡Aprende **más**!

Words are not the only differences you will find between languages. Sometimes numbers are different, too. Especially in the sports pages of Spanish-language newspapers, you will find numbers used in various ways: to indicate winners and losers, to show rankings, to indicate distances, and to show times.

You can usually use your knowledge of charts and your knowledge of different activities to figure out what the numbers mean.

Examine the following examples of charts you commonly find in Spanish-language sports sections.

1. Draw a box around numbers that show time in hours, minutes, and seconds.

2. Draw a circle around numbers that show standings — that is, first place, second place, and so on.

3. Make an X next to numbers that show how many games were won or lost.

4. Underline numbers that show distances.

SALTO ALTO FEMENINO			
Lugar	**Nombre**	**Equipo**	**Altura**
1°	Gisela Sánchez	Girafas	1,70 mts
2°	Diana Reyes	Leonesas	1,60 mts
3°	Bárbara Ojeda	Leonesas	1,05 mts
4°	Rosa Pérez	Girafas	1,00 mts

TENIS DE MESA		
	G	**P**
Tigres	3	0
Suaves	1	2
Medias Rojas	0	2

CARRERA AUTOMOVILÍSTICA DE FÓRMULA UNO	
Felipe Marino	1:26.10
Daniel Gámez	1:28.235
Marcos Iriarte	1:28.308
José Escobar	1:29.057

La página de diversiones

El juego del treinta y cuatro

Unscramble the word and write it on the line. Then find the number of the word in the lists below and write the number in the circle. The sum of each row, across or down, should equal 34. The first word has been done for you.

erdpre (16) _perder_	angimias ◯	laccisti ◯	exobo ◯	34
amíslati ◯	nancatió ◯	erracra ◯	moníbuesi ◯	34
chibelo ◯	mapneaco ◯	freoto ◯	garrti ◯	34
llameda ◯	crenob ◯	ranag ◯	padorectes ◯	34
34	34	34	34	

1. la **medalla**
2. la **natación**
3. el **boliche**
4. la **gimnasia**

5. el **boxeo**
6. **ganar**
7. **gritar**
8. una **carrera**

9. la **ciclista**
10. **buenísimo**
11. el **trofeo**
12. el **espectador**

13. la **campeona**
14. **altísima**
15. **bronce**
16. **perder**

¡Aprende el vocabulario!

A. Mariela wants to try out for the school orchestra, but she doesn't know any of the musicians. Her friend Eduardo is pointing out some orchestra members to her.

Primero, lee la oración. Luego, mira el dibujo y completa la oración. Sigue el modelo.

  Gloria toca

el piano.

 3.  Vicente toca

_____

1.  Rogelio toca

_____

4.  Elisabet toca

_____

2. Rebeca toca

_____

5.  El Sr. Campos es

_____

B. Do you know members of the school band or orchestra? Are you a musician?

Lee y contesta las preguntas.

1. ¿Tocas un instrumento? ¿Cuál?

_____

2. ¿Conoces a los músicos de tu escuela? ¿A quiénes conoces?

_____

3. ¿Conoces al director o a la directora de la orquesta? ¿Cómo se llama?

_____

4. ¿Qué instrumento musical te gusta mucho?

_____

C. Donaldo and his sister Yolanda love the theater—from drama to variety shows!

Primero, lee las oraciones y las listas de palabras. Luego, completa las oraciones con las palabras apropiadas. (Hay más palabras que oraciones.) Sigue el modelo.

M A Yolanda y a mí nos gusta ir _____**al teatro**_____ para ver los programas de variedades.

1. Ella y yo _____ por lo menos dos veces al mes.

2. A Yolanda le encanta la música. Le gustan _____ de rock.

3. Yo prefiero los bailes. Me encantan _____ y

    _____ . ¡Son tan elegantes!

4. A veces Yolanda y yo vemos un drama o una comedia. En general, nos gustan

    _____ .

5. Si la obra es triste, _____ y

    _____ tienen que llorar. No sé cómo lo hacen.

6. A veces Yolanda _____ en las obras de la escuela.

---

hace un papel	las obras de teatro	los cantantes
asistimos al teatro	las bailarinas	aplaudimos
los bailarines	los actores	al teatro
las actrices	lloramos	reírse

D. Do you like to perform before an audience or do you prefer being part of the audience?

Lee y contesta las preguntas.

1. ¿Dónde puedes ver las obras de teatro—en el teatro de tu comunidad o en el auditorio de tu escuela?

_____

2. ¿Qué prefieres hacer—asistir al teatro o hacer un papel?

_____

3. ¿Quiénes te gustan mucho—los locutores, los músicos, los actores, los cantantes o los bailarines?

_____

4. Cuando miras una película o una obra de teatro, ¿qué prefieres hacer— llorar o reírte?

_____

¡Alerta!

Un concierto peligroso

¡Vamos a practicar!

A. Leonardo has two close friends, Ángel and Nicolás. Ángel always gives him good advice, but Nicolás always gets him into trouble.

Primero, lee las oraciones. Luego, lee las oraciones siguientes. Escribe el nombre de Ángel o Nicolás a la derecha de la oración apropiada. Sigue el modelo.

[M] Mi hermana busca su guitarra. La veo en el sofá.

    a. ¡Pon la guitarra detrás del sofá!   __Nicolás__

    b. ¡No la pongas detrás del sofá!   __Ángel__

1. Tengo que estudiar para un examen. Prefiero ir al teatro.

    a. ¡Sal de la casa ahora mismo! ¡Ve al teatro!   _____

    b. ¡No salgas de la casa! ¡Estudia!   _____

2. Perdí el libro de la biblioteca. ¿Qué le digo al bibliotecario?

    a. ¡Dile la verdad!   _____

    b. ¡No le digas la verdad!   _____

3. En esta playa se prohibe nadar. Quiero mucho nadar.

    a. ¡Ten cuidado! ¡No nades!   _____

    b. ¡No tengas cuidado! ¡Nada!   _____

4. Es peligroso ir por ese sendero. Pero es la ruta más directa.

    a. ¡Ve por el sendero!   _____

    b. ¡No vayas por el sendero!   _____

B. Patricia is giving a party for the members of the school band. This afternoon she is cleaning the house and getting things ready. Unfortunately, her little brother wants to help.

Primero, lee la palabra entre paréntesis. Luego, completa la oración con la forma apropiada de la palabra. Sigue el modelo.

M (venir)   Pepito, ___ven___ a la cocina, por favor.

1. (poner)   Pepito, _____ el trapo en la mesa.

2. (dar)   ¡No me _____ un trapo sucio!

3. (tener)   Pepito, _____ cuidado con los discos.

4. (poner)   ¡No _____ los discos en el piso!

5. (venir)   ¡No _____ a la sala ahora!

6. (ir)   Pepito, _____ al patio, por favor.

C. Patricia needs your advice before the party.

Lee la pregunta y escribe dos oraciones. Sigue el modelo.

M ¿Cuándo les doy los regalitos a mis invitados—antes de comer o después de comer?

Dales los regalitos después de comer. No les des los regalitos

antes de comer.

1. ¿Qué hago para la fiesta—una torta de chocolate o una ensalada de frutas?

_____

_____

2. ¿Dónde pongo las sillas—en la sala o en el comedor?

_____

_____

D. Irene is stage manager for the school musical. She is receiving last-minute instructions from the band leader and the director of the play.

Primero, lee la pregunta. Luego, lee las frases entre paréntesis. Por último, escribe una oración con la primera frase y otra oración con la segunda frase. Sigue los modelos.

M ¿Dónde pongo la música?

(en la mesa)   (no / en las sillas)

Ponla en la mesa. No la pongas en las sillas.

M ¿A quién le doy el tambor?

(a Luis)   (no / a María)

Dale el tambor a Luis. No le des el tambor a María.

1. ¿A quiénes les doy las flores?

(a las actrices)   (no / a los actores)

_____

_____

2. ¿Dónde pongo los clarinetes?

(en las sillas)   (no / en la mesa)

_____

_____

3. Durante la obra, ¿a quién le hago preguntas?

(a mí)   (no / a los músicos)

_____

_____

4. ¿A quién le digo los problemas?

(a la Sra. Uribe)   (no / a mí)

_____

_____

E. Rafael is worried about making a good impression on the director of the school play. He wants to be the hero in the play. What advice can you give him?

Primero, lee las palabras. Luego, escribe una oración. Sigue el modelo.

M ir / al auditorio / temprano

Ve al auditorio temprano.

1. no / salir / tarde de la casa

_____

2. no / le / tener miedo / al director

_____

3. darle la mano / al director

_____

4. decirle / tu nombre

_____

5. no / hacer un papel / cómico

_____

6. hacerle / preguntas / sobre el drama

_____

7. no / poner / los pies / en la silla

_____

8. no / irte / sin decir adiós

_____

¡Vamos a practicar! ████████████████

A. Cecilia is trying to find out who told Sra. Fernández that they will or will not perform in the variety show.

Primero, lee y completa la pregunta con la forma apropiada de **decir.** Luego, mira el dibujo y escribe la respuesta. Sigue el modelo.

M ¿Qué le ___dijo___ Rodrigo?

Le dijo que sí.

1. ¿Qué le _____ Saúl y Virginia?

_____

2. ¿Qué le _____ tú?

_____

3. ¿Qué le _____ Adriana?

_____

4. ¿Qué le _____ Martín y tú?

_____

5. ¿Qué le _____ Benito?

_____

6. ¿Qué le _____ las hermanas Flores?

_____

B. Timoteo has asked people to bring furniture and other items that can be used in the school play. Who brought the things he needs?

Primero, lee y completa la pregunta. Luego, mira el dibujo y escribe la respuesta. Sigue el modelo.

M Esperanza, ¿qué <u>trajiste</u> ?

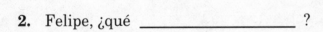

Traje un teléfono.

1. Adolfo y Esteban, ¿qué _____ ?

_____

2. Felipe, ¿qué _____ ?

_____

3. Lidia, ¿qué _____ Mónica?

_____

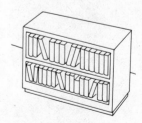

4. Ana y Ramón, ¿qué _____ ?

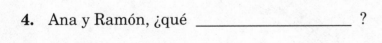

C. Alfredo loves to tease Lucía. This time, she's not laughing!

Primero, lee la conversación. Luego, completa las oraciones con las
formas apropiadas de **decir** o **traer**.

LUCÍA: Alfredo, ¿ _____ tu guitarra?

ALFREDO: No, no la _____ .

LUCÍA: ¡Ay, caramba! Me _____ que vas a tocar la

guitarra en mi fiesta.

ALFREDO: En realidad, no la _____ porque me duelen los

dedos. No puedo tocar.

LUCÍA: ¡Qué lástima! No vamos a tener música en la fiesta. Les

_____ a nuestros amigos que tú vas a tocar.

Una fiesta sin música es aburridísima.

ALFREDO: Bueno, Lucía. Te _____ una mentira.

Sí, _____ mi guitarra. Está detrás de la puerta.

LUCÍA: Eres muy chistoso, Alfredo. Pero no voy a reírme.

Expresa tus ideas

The Explorers' Club members are putting on a musical to raise money for their summer trip. Is the rehearsal going well?

Mira el dibujo. Escribe una conversación entre las personas.

_____

_____

_____

_____

_____

_____

_____

_____

_____

_____

La página de diversiones ● ◈ ▪: ⊙ ◆ ▯▫ ● ◇ ▪▪ ⊙ ◆ ▫▯

¿Qué es *La vida es sueño*?

First, complete the missing word from each sentence. Then use the numbers to complete the sentence below.

1. A la gente le gusta __ __ __ __ __ __ __ al teatro.

    1   2   3   4   5   6   7

2. Después de la obra, las personas __ __ __ __ __ __ __ __ a los

    8   9   10   11   12   13   14   15

actores.

3. Mirna __ __ __ __ porque está triste.

    16   17   18   19

4. La cantante canta muy __ __ __ __ .

    20   21   22   23

5. El __ __ __ __ __ hace un buen papel.

    24   25   26   27   28

La vida es sueño es __ __ __   __ __ __ __   __ __ .

    12   23   1   17   20   28   8   13   22

__ __ __ __ __ __ .

 5   14   24   26   18   27

¡Aprende el vocabulario!

A. Adela is upset. No one can come to her party because everyone has something wrong. What reasons do they give her for not coming?

Primero, lee la oración. Luego, mira el dibujo y completa la oración. Sigue el modelo.

 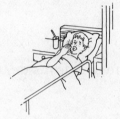

Lo siento, Adela, pero tengo ____tos____ .

1.

Lo siento, Adela, pero estoy _____ .

2.

Lo siento, Adela, pero hay un _____
y hay mucho tráfico.

3.

Lo siento, Adela, pero hay un _____
en la casa.

4.

Lo siento, Adela, pero tengo _____ .

B. When Sr. Trujillo asks his daughter what's new, he certainly gets an earful!

Primero, lee la oración y las listas de palabras. (Hay más palabras que oraciones.) Luego, completa la oración. Sigue el modelo.

M En el centro hay ___**un choque**_____ entre un autobús y un ciclista.

1. El ciclista tiene que ir al hospital en _____ .

2. Los médicos le dan _____ auxilios.

3. En otra parte del centro, _____ robó muchas joyas de una joyería.

4. El joyero salió de la tienda y gritó "¡_____ !"

5. Los policías están investigando _____ de la joyería.

6. Quieren _____ al ladrón muy pronto.

7. También _____ en la fábrica les dio miedo a los obreros.

8. No fue muy serio porque lo apagaron con _____ .

ambulancia	una camilla	un incendio	el robo
un ladrón	Auxilio	medicinas	la alarma
un extintor	detener	√ un choque	los primeros

¡Vamos a practicar!

A. Detective Alonso is questioning people to find out if anyone was near the plaza at 8 o'clock last night. (Someone painted happy faces on all the benches!)

Primero, lee y completa la pregunta con la forma apropiada de **estar.** Luego, mira el dibujo y contesta la pregunta. Sigue el modelo.

M Señor y señora García, ¿dónde ___**estuvieron**___ anoche?

Estuvimos en la agencia de viajes.
_____

1. Rudy y Lorinda, ¿dónde _____ anoche?

_____

2. Sarita, ¿dónde _____ anoche?

_____

3. Juan, ¿dónde _____ tu hermano anoche?

_____

4. Sr. Almendro, ¿dónde _____ usted anoche?

_____

B. Silvia sometimes tries the patience of her friends. She never tells them the whole story at once. They always have to drag it out of her.

Primero, lee la conversación. Luego, completa la conversación con las formas apropiadas de **tener**.

MARCOS: ¿Por qué no fuiste al programa de variedades?

SILVIA: _____ que ir al hospital.

MARCOS: ¡Caramba! ¿Por qué _____ que ir allá?

SILVIA: Mi mamá y yo _____ un accidente en la cocina.

JUANA: ¡Un accidente! ¿Qué les pasó?

SILVIA: Ella _____ problemas con el horno.

JUANA: ¡Ay! ¿Están quemadas?

SILVIA: No. Nosotras estamos bien. _____ que visitar al bombero que apagó el incendio en el horno.

JAIME: ¡Ah! ¡Y el bombero está quemado!

SILVIA: No. El bombero _____ tos y fiebre.

JAIME: ¿Tos? ¿Fiebre?

SILVIA: Sí. A mi perro Duque le gustan los hombres con uniformes. Y el bombero es alérgico a los perros.

MARCOS: Y ahora ¿todos están bien?

SILVIA: No. Mi papá está enojado. Mi mamá y él _____ que comprar un horno nuevo. A mi papá no le gusta gastar dinero.

C. What did you do yesterday?

Lee y contesta las preguntas en tus palabras.

1. ¿Dónde estuviste a las cuatro de la tarde?

   _____

2. ¿Qué tuviste que hacer anoche?

   _____

3. ¿Por dónde anduviste con tus amigos ayer?

   _____

4. ¿Tus amigos y tú tuvieron examen ayer? ¿En qué clase?

   _____

5. ¿Dónde estuvieron tus compañeros y tú al mediodía?

   _____

6. ¿Tus amigos y tú anduvieron a la escuela por la mañana?

   _____

7. ¿Qué problemas tuviste ayer?

   _____

8. ¿Estuviste en casa toda la noche o fuiste a algún lugar?

   _____

¡Vamos a practicar!

A. At the Science Fair, the school's "mad scientists" exhibited their brilliant inventions. What did they make?

Primero, lee y completa la pregunta. Luego, mira el dibujo y contesta la pregunta. Sigue el modelo.

M Ezequiel, ¿qué _____**hiciste**_____ ?

    Hice un robot.

_____

1. Anita y Lidia, ¿qué _____ ?

_____

2. Oswaldo, ¿qué _____ ?

_____

3. Sara, ¿qué _____
Carlota?

_____

4. Tomás, ¿qué _____
Tania y tú?

_____

B. Imagine that you are a reporter covering the Science Fair. You want to know how long it took the students to make their inventions.

Primero, lee las palabras. Luego, escribe una oración. Sigue el modelo.

M Ezequiel / robot / dos meses

Ezequiel hizo el robot en dos meses.

_____

1. Anita y Lidia / teléfono móvil / nueve horas

_____

_____

2. Oswaldo / nave espacial / una semana

_____

_____

3. Carlota / escoba automática / tres días

_____

_____

4. Tania y Tomás / extintor gigante / cuatro meses

_____

_____

¡Alerta! 〰〰〰〰〰〰〰〰〰〰〰〰〰〰〰〰〰

¿Qué hicieron las muchachas?

a. mucho ruido

b. música bonita

c. un viaje a otro planeta

_____

¡Vamos a practicar!

A. Federico is not sure how to describe the pictures he drew. Help him choose a caption for each picture.

Primero, mira el dibujo y lee las oraciones. Luego, subraya la oración apropiada.

1.

   a. Luisa come la galleta felizmente.

   b. Generalmente le gustan las galletas.

   c. Raramente le gustan las galletas.

2.

   a. Hacemos el robo fácilmente.

   b. La cajera nos da el dinero rápidamente.

   c. Una cajera les da el dinero felizmente.

3.

   a. Siempre contesto correctamente.

   b. Escribo las respuestas rápidamente.

   c. Generalmente, no sé qué escribir.

4.

   a. ¡Toma Anaranjugo frecuentemente!

   b. ¡Toma Anaranjugo raramente!

   c. ¡Toma Anaranjugo tristemente!

Nombre _____

¡Aprende más!

Using your word detective skills can come in handy when you read news reports. By recognizing cognates and using the context of a sentence or paragraph, you can figure out the meanings of many words.

Practice your skills by figuring out the meanings of the words in heavy black letters in the following sentences. First, write the word. Then, write what you think it means. Finally, write how you figured it out: cognate or context. One word has been done for you.

1. El presidente de la república visitó al hospital para hablar **personalmente** con las **víctimas** del incendio.

    personalmente = personally or in person   /   cognate
_____

_____

2. Los bomberos hicieron un gran **esfuerzo** para apagar el incendio. Trabajaron **constantemente** por ocho horas sin descansar.

_____

_____

3. Los policías **interrogaron** al ladrón después del robo.

_____

4. **A pesar del** viento fuerte, los bomberos apagaron el incendio rápidamente.

_____

5. Los expertos comenzaron el **rescate** de las obras de arte que no fueron **destruidas** en el incendio del Museo de Arte Clásico.

_____

_____

La página de diversiones ●◇.∎⊙◆⊟●◇∎⊙◆⬚

Un crucigrama

Completa las oraciones y escribe las palabras en el crucigrama.

Horizontales

1. Si estás enfermo y tienes mucho calor, tienes ——.

5. Pon la mano sobre la boca si tienes ——.

8. La víctima se acuesta en la —— antes de entrar en la ambulancia.

9. No te hablé ayer porque no —— tiempo.

10. El hombre que me robó mis discos fue un ——.

12. ¡Hay un —— en el banco!

13. Rita —— un viaje en barco la semana pasada.

Verticales

2. Apagamos el —— con el extintor.

3. La persona que apaga incendios es un ——.

4. No me gusta ni ésta ni aquélla. Prefiero —— bolsa.

5. ¿Te gusta —— las medicinas?

6. No es el primero; es el ——.

7. ¿Dónde —— Juan anoche?

10. –¿Quién te dio el libro?
    –Papá me —— dio.

11. El médico me —— las medicinas ayer. No tuve que comprarlas.

Nombre _____

¡Aprende el vocabulario!

A. What is the Gómez family doing?

Mira el dibujo y completa las oraciones. Sigue el modelo.

M La hija le escribe _____una carta_____ a su amiga.

1. La mamá usa el papel para _____ la caja.

2. Primero, el hijo pone la tarjeta en _____ .

3. Luego, pone _____ a la derecha de la dirección.

4. _____ está sobre la mesa. La familia va a echarlo al correo.

B. Humberto is explaining to Paquita how to mail things.

Lee y completa las oraciones. Sigue el modelo.

M Tienes que _____ los paquetes con papel fuerte.
envolver

1. Vas _____ para _____ el paquete.

2. Una carta puede llegar rápido si va por _____ .

3. Puedes _____ una tarjeta postal en un buzón.

4. _____ nos trae las cartas.

5. Tienes que ir a la ventanilla de _____ .

6. Puedes comprar _____ en la ventanilla.

C. How well can you answer Paquita's questions?

Lee y contesta las preguntas en tus palabras.

1. Generalmente, ¿a qué hora recibes el correo?

_____

2. ¿Quién te trae las cartas—un cartero o una cartera?

_____

3. ¿Qué usas para envolver un paquete?

_____

4. ¿Sabes las direcciones de todos tus amigos?

_____

¡Vamos a practicar! ████████████████████████

A. Verónica is complaining about her humdrum life. Nothing ever seems to change.

Primero, lee las oraciones. Luego, cambia la palabra en letras negras y escribe la palabra en la segunda oración. Sigue el modelo.

M   Hoy me **pongo** el abrigo. Ayer me _____**puse**_____ el abrigo.

1. Hoy no **puedo** ir al cine. Ayer no _____ ir al cine.

2. Hoy mi amiga no **puede** visitarme. Ayer ella no _____ visitarme.

3. Hoy tú **pones** los zapatos debajo de la cama. Ayer los _____ debajo de la cama.

4. Hoy Ana **pone** el radio en la mesita de noche y yo lo **pongo** en el tocador.

    Ayer ella lo _____ en la mesita y yo lo _____ en el tocador.

5. Hoy no **podemos** salir temprano de la escuela. Ayer no _____ salir temprano.

6. Hoy mis amigos no **pueden** jugar al béisbol. Ayer no _____ jugar.

7. Hoy mis hermanos **ponen** sus juegos en mi cuarto. Ayer los

    _____ en mi cuarto.

8. Hoy tú no **puedes** hablar por teléfono. Ayer no _____ hablar por teléfono.

B. There must have been a full moon that affected all the students. No one seemed to know what was going on.

Primero, lee la oración. Luego, completa la oración con la forma apropiada de **saber**. Sigue el modelo.

M Yo no _____ **supe** _____ que el examen fue ayer.

1. Judit y Linda no _____ que el director cerró el gimnasio.

2. La maestra no _____ que todos sus alumnos se fueron a casa.

3. Yo no _____ que el maestro nos dio un examen.

4. Tú no _____ que tuvimos que leer la novela para hoy.

5. Manuel no _____ que la orquesta dio un concierto en el auditorio.

6. Elena, Felipe y yo no _____ que tuvimos que escribir todas las respuestas.

C. What have you and your friends accomplished lately?

Lee las palabras y escribe una oración. Sigue el modelo.

M saber / respuestas   **Supimos todas las respuestas.** _____

1. poder / contestar / preguntas _____

2. poner / libros / biblioteca _____

3. saber / noticias _____

4. poder / correr / tres millas _____

D. Josefa can't figure out why the letter she sent two days ago has not arrived at its destination.

Primero, lee las palabras y escribe una pregunta. Luego, mira el dibujo y escribe la respuesta. Sigue el modelo.

M   cartero / poder / leer / dirección   **¿El cartero pudo leer la dirección?**

    Sí, la pudo leer. _____

1.   poner / carta / sobre   _____

_____

2.   saber / echar / carta / correo   _____

_____

3.   poder / ir / correo / temprano   _____

_____

4.   poner / carta / buzón / correcto   _____

_____

5.   saber / hoy / día de fiesta   _____

_____

¡Alerta! ~~~~~~

Substitute teachers usually have a difficult time. What do the students say to one confused teacher?

MAESTRO: Lo siento. Hoy no podemos hablar francés.

ALUMNOS: Está bien. Ayer no _____
¡Estamos en la clase de español!

Nombre _____

¡Vamos a practicar!

A. Are people always sure of what they hear? Are you?

Lee y completa las preguntas y las respuestas. Sigue el modelo.

M

P: ¿Qué _____**oyen**_____ ellos?

R: _____**Oyen**_____ la lluvia.

1.

P: ¿Qué _____ nosotros en el pasillo?

R: Ustedes _____ un tigre.

2.

P: ¿Qué _____ el hombre?

R: _____ música fuerte.

3.

P: ¿Qué _____ ellas?

R: _____ palabras bonitas.

4.

P: ¿Qué _____ , hijo?

R: _____ un tren.

Nombre _____

B. Luis and his friends camped out in the woods last night. What did they hear?

Mira los dibujos y escribe una oración para cada uno. Sigue el modelo.

M  2.  4.

1.  3. 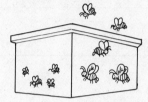 5.

M (Mateo) **Mateo oyó un oso.**

1. (Tony y Luis) _____

2. (Hugo) _____

3. (Diego y yo) _____

4. (yo) _____

5. (tú) _____

C. Close your eyes and listen carefully. What sounds do you hear?

Escribe cinco oraciones sobre los sonidos que oyes en este momento.

1. _____

2. _____

3. _____

4. _____

5. _____

D. What sounds did your classmate hear when he or she listened carefully?

Pregúntale a un compañero sobre los sonidos que oyó. Escribe sus respuestas.

1. _____

2. _____

3. _____

4. _____

5. _____

Vamos a leer ████████████████

Short stories in Spanish combine sentences, or narrative, and dialogue. Read part of a short story below. First, skim the story. Make an X by the lines that contain narrative and a check mark by the lines that contain dialogue.

Una noche misteriosa

Susana se acuesta en su catre y trata de dormirse. Elena ya está durmiendo. A ella le gusta el campo y puede dormirse en cualquier lugar. Pero Susana es miedosa. Le asustan los ruidos, los animales — y hasta las personas.

De repente, Susana oye unos ruidos afuera. ¿Qué puede hacer estos ruidos? ¿Un oso? ¿Un puma?

— ¡Elena! ¡Despiértate! —grita Susana.

— ¿Qué? ¿Qué? ¿Qué te pasa, chica?

— ¡Oigo ruidos extraños! Seguramente es un oso. ¡Elena! ¡Los ruidos están más cerca! ¿No los oyes? — llora Susana.

—Sólo te oigo a ti, Susana. ¡Cálmate! — le dice Elena. — Déjame escucharlos.

Elena los escucha por unos momentos. Los ruidos se hacen más fuertes y más extraños. — ¡Caramba! Sí, oigo algo. Es algo grande. ¡Ay, Susana! ¿Qué puede ser?

Now, read the story more carefully. Circle the words whose meanings you can guess. Draw a box around the words you will need to find in a Spanish-English dictionary.

La página de diversiones ●◈▪∶◉◆⠿▫●◇▪▀◉◆⠗

¿Cuál es la pregunta?

Let's play a game that is similar to a television game show. We will give you the answers, and you have to come up with the questions. Give yourself 20 points for each correct question. Add up your points and compare them with your classmates' scores. Follow the model.

> **Modelo:** Lo usas para apagar un fuego o un incendio pequeño.
>
> **¿Qué es un extintor?**
> _____

1. La persona que entrega las cartas de casa en casa.

   _____

2. Algo que compras en el correo y pones en un sobre.

   _____

3. La persona que trabaja en la oficina de correo y vende estampillas.

   _____

4. El correo que se manda por avión.

   _____

5. El papel en que se escribe la dirección y se envuelve la carta.

   _____

Mis puntos: _____

A. Lorenzo wishes that he could start the day all over again. He would do things right the second time around! What was Lorenzo's problem?

Mira el dibujo y contesta las preguntas. Luego, sigue las instrucciones debajo del dibujo.

1. ¿Qué hizo Lorenzo?

_____

_____

2. ¿Dónde estuvo?

_____

_____

3. ¿Qué le preguntó la maestra?

_____

_____

4. ¿Qué le dijo Lorenzo a la maestra?

_____

_____

Escoge a un compañero de clase y prepara una conversación entre Lorenzo y la maestra.

5. ¿Qué le dolió a Lorenzo?

_____

_____

B. Julieta has drawn pictures of two of her friends. She is going to send them to her
    pen pal in Bolivia. First, she needs your help to describe the pictures.

Mira los dibujos. Escribe por lo menos tres oraciones sobre cada
dibujo.

_____

_____

_____

_____

_____

_____

_____

_____

C. People in different jobs can give you all sorts of advice. What kind of advice can you get from the people in the pictures below?

Primero, mira el dibujo y lee la primera oración. Luego, escribe dos oraciones más.

1.    Haz un viaje a las montañas.

_____

_____

2.    Ahorra el dinero.

_____

_____

3.    Mira las joyas bonitas.

_____

_____

4.    Ven al teatro mañana también.

_____

_____

D. Guillermo thinks very highly of the people who are his friends and not so highly of the people who are not his friends.

Primero, lee la oración. Luego, escribe otra oración. Por último, contesta las preguntas.

M Mireya es muy inteligente. _____**¡Es inteligentísima!**_____

M Leonardo es un cantante muy malo. ____**¡Es el peor!**____

1. Arturo es un boxeador muy bueno. _____

2. Bernardo es muy generoso. _____

3. Isabel es una ciclista muy mala. _____

4. Rosalía es muy popular. _____

5. Domingo es muy tímido. _____

6. Esperanza es una locutora muy buena. _____

7. Gregorio es un atleta muy malo. _____

8. Clara es una bailarina muy mala. _____

9. Mercedes es muy débil. _____

10. Heriberto es un músico muy bueno. _____

¿Quiénes son los amigos de Guillermo?

Mireya,
_____

_____

¿Quiénes no son sus amigos?

Leonardo,
_____

_____

_____

E. Rosa is meeting her cousins at the airport. They live in Costa Rica and are going to stay with her for a month.

Primero, lee la conversación. Luego, completa la conversación. Lee las listas de palabras si necesitas ayuda.

almorzar	dar	poder
aterrizar	despegar	ser
comer	estar	tener

ROSA: ¡Lola! ¡Carlos! ¿Cómo _____ **estuvo** _____ el viaje?

LOLA: Muy tranquilo. _____ y _____ sin problema.

CARLOS: ¡Sí! Desde la ventana _____ ver montañas, valles, ríos, ciudades . . . ¡todo!

ROSA: ¿ _____ en el vuelo o tienen mucha hambre?

CARLOS: Nos _____ el almuerzo en el vuelo.

Yo _____ muchísmo.

LOLA: Yo no _____ comer. _____ mi

primer viaje en avión y _____ nerviosísima.

Ahora, sí, _____ comer.

ROSA: ¡Qué bueno! Tú y yo _____ comer y, ¡Carlos nos

_____ mirar!

F. What do you do in certain situations?

Lee la frase y completa la oración. Puedes escoger de las palabras en las listas. Primero, lee el modelo.

abrir	contestar	dormirse	frecuentemente
correr	hablar	limpiar	rápidamente
pedir	caminar	hacer	lentamente
acostarse	tomar	dar	raramente
lavar	tener	poner	generalmente
decir	comer	estudiar	felizmente

Students' answers will vary. You may wish to present the ones given below as models.

M   Si estoy enfermo, _____**generalmente me acuesto y me duermo.**_____

1. Si tengo sed, _____

2. Si tengo muchísima hambre, _____

3. Si recibo un regalo, _____

4. Si me haces una pregunta, _____

5. Si tengo mucha prisa, _____

6. Si mi cuarto está sucio, _____

7. Si tengo que hacer muchas tareas, _____

8. Si traigo libros y cuadernos de la casa, _____

9. Si un amigo tiene una fiesta, _____

10. Si no comprendo la lección, _____

G. Poor Virgilio! He was sick during spring vacation and stayed in bed all week long! He wants to know what his friends did on their vacations.

Primero, completa la pregunta con la forma apropiada de **hacer**. Luego, lee las palabras entre paréntesis y escribe la respuesta. Sigue el modelo.

M   Guadalupe, ¿qué _____**hiciste**_____ la semana pasada?

(hacer un viaje en avión)   **Hice un viaje en avión.**

1. Natán, ¿qué _____ tu familia y tú la semana pasada?

(hacer un viaje a California) _____

2. Eugenia, ¿qué _____ la semana pasada?

(visitar a mi tía Patricia) _____

3. Humberto y Josué, ¿qué _____ la semana pasada?

(ir a la playa) _____

4. Sra. Baroja, ¿qué _____ usted?

(escribir muchas cartas) _____

5. Estela, ¿qué _____ tu hermano la semana pasada?

(ir de pesca y montar a caballo) _____

_____

6. Sr. Márquez, ¿qué _____ sus hijas?

(andar por la playa y aprender a nadar) _____

_____

H. Do you keep a diary? If you do, do you ever write in it in Spanish? If you don't, you should give it a try!

Por cuatro días, escribe oraciones sobre tus actividades. Primero, lee el diario de Carolina.

2 de junio

Hoy jugué al tenis por la primera vez. Estuve muy nerviosa. Mi amiga me dijo que jugué muy bien. Me gustó el juego. Pienso jugarlo mañana.

I.   José Luis's mother wants him to throw out or give away everything that he doesn't need. Of course, he thinks he needs everything. His father suggested a "Frequency Scale" to resolve what to keep and what not to keep. How would you decide what to keep?

Primero, lee las palabras en la primera columna. Luego, lee las palabras entre paréntesis. Por último, escribe una oración en tus palabras. Lee los ejemplos.

Escala de frecuencia
siempre
todos los días
una vez por semana
a veces
dos veces al mes
una vez al año
nunca

(guitarra)   **La toco todos los días.**

(juegos)   **Los juego una vez por semana.**

(llavero)   _____

(libros)   _____

(maleta)   _____

(mochila)   _____

(camiseta vieja)   _____

(carteles)   _____

(radio)   _____

(computadora)   _____

(bolígrafos)   _____

(bicicletas)   _____

¡Alerta! ∿∿∿∿∿∿∿∿∿∿∿∿∿∿∿∿∿∿∿∿∿∿

¿Puedes contestar esta pregunta rápidamente?

¿Qué usas tres veces al día para comer y todo el día para hablar?

_____

_____

J. Imagine that you are a famous author. Your fans are eager to read your next story. What will you write?

Mira el dibujo y escribe por lo menos dos párrafos. Si necesitas ayuda, lee la lista de preguntas.

_____

_____

_____

_____

_____

_____

_____

¿Cómo se llama la muchacha?   ¿Adónde va?   ¿A quiénes visita?

¿Está contenta? ¿triste?   ¿Por qué hace el viaje?   ¿Qué piensan hacer?

_____

K. Imagine that you and your friends are going to have a "¡Viva el verano!" party.

Lee y contesta las preguntas en tus palabras.

1. ¿Cuál es la fecha de la fiesta? ¿En qué día es?

_____

2. ¿A qué hora comienza la fiesta?

_____

3. ¿Dónde van a tener la fiesta? (¿en un parque? ¿en la escuela? ¿en una casa?)

_____

4. ¿A quiénes van a invitar? (¿a los compañeros? ¿a los maestros?)

_____

5. ¿Piensan darles unos regalitos a los invitados? (¿sombreros cómicos?)

_____

6. ¿Qué traes tú de la casa para usar en la fiesta? (¿los discos? ¿un casete?)

_____

7. ¿Qué traen tus amigos?

_____

8. ¿Qué piensan hacer en la fiesta? (¿bailar? ¿jugar? ¿comer?)

_____

_____

L.   Now that you have made plans for the party, write an invitation.

Escribe una invitación a la fiesta.

Una invitación
¡Ven a celebrar con nosotros!

¿Qué es?   _____

¿Cuándo?   _____

¿A qué hora?   _____

¿Dónde?   _____

Dirección: _____

_____

¡Vamos a hacer muchas actividades!   _____

_____

_____

Por favor, responde pronto.

Llama a   _____

Teléfono: _____

M. Imagine that your party was either the best party in the world or a total disaster. What happened at the party?

Describe a tu fiesta imaginativa. Si necesitas ayuda, lee las listas de preguntas.

Un triunfo

¿Quiénes fueron a la fiesta?

¿Qué hicieron en la fiesta?

¿Comieron mucho?

¿A qué jugaron?

¿A los invitados les gustó la fiesta?

¿Estuvieron mucho tiempo?

Un desastre

¿Cuándo llegaron los invitados?

¿Invitaste a las hormigas también?

¿Qué hicieron en la fiesta?

¿Pudieron jugar?

¿Por qué no les gustó la fiesta a los invitados?

¿Salieron temprano?

_____

_____

_____

_____

_____

_____

_____

_____

Glossary of Instructions
Spanish–English

The Spanish–English instruction glossary contains the words that are used in Spanish instructions in the exercises. This glossary has been prepared in the same way as the Spanish–English Glossary in your textbook. If you need to refresh your memory of how the entries are listed and of what the abbreviations mean, reread pages 356 and 357 in your *¡Nos comunicamos!* textbook.

The following abbreviations are used in this Spanish–English glossary.

Abbreviations

adj.   adjective
adv.   adverb
com.   command
f.   feminine
inf.   infinitive
IR   irregular

m.   masculine
pl.   plural
prep.   preposition
pret.   preterite (past tense)
s.   singular

a

a   to; at; personal *a*
actividad, la   activity
alrededor   around
animal, el *(m.)*   animal
apropiado (-a)   appropriate
apunte, el *(m.)*   note
  saca apuntes   take notes

c

cada   each
calendario, el   calendar
cambiar   to change

carta, la   letter
cartel, el *(m.)*   poster
círculo, el   circle
clase, la *(f.)*   class
compañera, la   (female) classmate
compañero, el   (male) classmate
compañeros, los   classmates (all male or male and female)
completar   to complete
con   with
contestar   to answer
conversación, la *(f., pl.:* **conversaciones***)*   conversation
cosa, la   thing
crucigrama, el *(m.)*   crossword puzzle
cuidado, el   care, caution
  ¡Cuidado!   Be careful!

d

de   of; from

debajo de *(prep.)*   under, underneath

decir *(IR)*   to say, to tell
  decirle a la persona   to say to the person

derecha, la   right (direction)
  a la derecha   to the right, on the right

descripción, la *(f., pl.:* **descripciones***)*
  description

día, el *(m.)*   day
  un día en el pasado   a day in the past

dibujar   to draw

dibujo, el   drawing, picture

diferencia, la   difference

e

ejercicio, el   exercise

en   in; on; at

entre   in; between
  entre paréntesis   in parentheses

escoger   to choose
  escoge a un compañero   choose a classmate

escribir   to write

este   this

etiqueta, la   label

examinar   to examine

f

forma, la   form

formar   to form, to make (up)

frase, la *(f.)*   phrase

h

hay *(inf.:* **haber***)*   there is; there are
  Hay más palabras que oraciones.   There are
    more words than sentences.

haz *(com.; inf.:* **hacer***)*   make, do; ask
  haz la pregunta   ask the question
  Hazles la pregunta.   Ask them the question.

l

leer   to read

letra, la   letter

línea, la   line

lista, la   list

luego *(adv.)*   then

lugar, el *(m.)*   place

m

mañana, la   morning

mapa, el *(m.)*   map

más   more
  más . . . que   more . . . than

menos   less
  por lo menos   at least

mirar   to look (at)

modelo, el   model

momento, el   moment

n

necesitar   to need

negro (-a)   black

noche, la *(f.)*   night

nombre, el *(m.)*   name

número, el   number

o

o   or

oración, la *(f., pl.:* **oraciones***)*   sentence

otro (-a)   another

oyes *(IR; inf.:* **oír***)*   you hear
oyó *(IR; pret.; inf.:* **oír***)*   (he *or* she) heard

p

página, la   page
palabra, la   word
para   for; in order to
paréntesis, los *(m.)*   parentheses
   entre paréntesis   in parentheses
párrafo, el   paragraph
pasado, el   past
persona, la   person
pie, el *(m.)*   foot (bottom)
   al pie de la página   at the foot (bottom) of the page
poder (ue) *(IR)*   to be able; can
por   for; during
   por lo menos   at least
   por último *(adv.)*   finally
pregunta, la   question
preguntar   to ask
   pregúntale   ask her (*or* him)
primero (-a)   first
primero *(adv.)*   first

q

que   that; than
querer (ie)   to want

r

reloj, el *(m.)*   clock; watch
respuesta, la   answer
ropa, la   clothes, clothing

s

sacar   to take
   saca apuntes   take notes
seguir (i)   to follow
segundo (-a)   second
si   if
sigue *(com.; inf.:* **seguir***)*   follow
siguiente *(adj.)*   following
sobre   about; over
   sobre el dibujo   about the picture
sonido, el   sound
subrayar   to underline

t

también   also, too
tarde, la *(f.)*   afternoon
tu, tus   your
   en tus palabras   in your (own) words

u

último (-a)   last
   por último *(adv.)*   finally, last
usar   to use

y

y   and